U0115982

中華文化思想叢書

中國近代國立大學學科建制與發展研究（1895-1937）

上冊

斯日古楞　著

目次

下冊

第八章　國立東南大學（中央大學）與私立廈門大學學科發展之比較 …………… 357

第九章　中國近代國立大學學科發展演變的理論探討 ………………………………… 395

序

　　在近代中國高等教育轉型中，學科變革居於核心地位。從傳統的中學分類轉向近代西方的學科分類，對於中國大學制度建設和專門人才培養產生深遠的歷史影響。從某種意義上說，西學東漸激發的知識更新與學科轉型，成為中國高等教育近代化的重要內容和顯著標誌。

　　作為近代大學制度重要組成部分，現代意義上的「學科」是典型的舶來品。無論是先秦時期的「孔門四科」，或是漢唐以降察舉、科舉的「分科」取士，抑或是經史子集「四部之學」的知識分類，都與近代學科的內涵迥然有別。就高等教育變革而言，以西方的「七科之學」取代傳統的「四部之學」，實為劃時代的變革，由此引發中國近代知識體系、課程結構、教育理念與教學方式方法的連鎖變革，影響至為廣泛。

　　中國近代的學科變革發軔於洋務教育，歷經清末學制改革、廢科舉興學堂，以及民初學制改革，最終建立以西式教育制度為基礎的學科分類和課程體系。在這一變革過程中，國立大學作為最高學府，不僅自身適應學制變革和人才培養的要求，不斷調整其學科建制和課程結構，而且對其它高等教育機構的學科建設產生重要影響。

　　學科是大學的基礎，與知識生產、人才培養和社會服務密切相關。可以說，一部中國近代大學史，就是學科不斷變革與擴展、學科建制逐步發展演變的歷史。二十世紀前半期，國立大學的學科建制，經歷了從「科─門」、「科─系」到「院─系」的發展歷程，其間的演化特徵、發展規律和利弊得失，需要從理論與實踐層面進行深入探析。總的來看，學術界有關中國近代普通教育的學科變革和課程演變

的研究成果較多，而對於高等教育內部的學科制度變革研究較少，對國立大學的學科建制與發展鮮有系統、專門的探究。如今，《中國近代國立大學學科建制與發展研究》一書的問世，填補了這一空白。

斯日古楞同學是我指導的教育史專業博士生，研究方向為中國近現代高等教育。入學前，碩士專業讀的是課程與教學論；讀博期間，刻苦嚮學，系統學習了高等教育學理論和高等教育史知識。這些都為其博士論文的寫作打下了良好基礎。她勤於研究，發表多篇論文，成績斐然，曾獲得廈門大學教育研究院「懋元獎」一等獎。這本專著就是在博士學位論文基礎上精心撰就的學術成果。

該著視野開闊，從高等教育學的視角，系統考察中國近代國立大學學科變革與學科建制的動因、發展歷程，探析其演化特徵、發展規律與歷史啟示。作者運用文獻研究、統計分析、案例分析、比較研究等方法，在實證研究的基礎上，得出不少新的結論。如：中國近代國立大學學科建設，促進了學術分科思想的產生與發展；國立大學學科建制與發展具有外來性與本土化並存的特徵，既受社會現實需求、政府宏觀調控和大學法規政策的制約，也受學科知識發展、大學自身傳統以及辦學者學科思想的引導；大學學科建制變革，應循序漸進，從長計議，兼顧大學的內外部環境、學科傳統，減少盲目性，避免隨意增減、合併學科。這些研究成果，豐富了高等教育近代化研究的內涵，讀來頗受啟發。

學科建設是當今高等教育改革發展的關鍵，建設高水準大學，須從一流學科建設做起。撫今追昔，我們既要借鑒近代國立大學學科建設的經驗，又要不斷汲取世界新知。

是為序。

張亞群
2015年7月22日

第一章
緒論

　　幾個世紀以來，大學以學科建制為組織基礎，學科發展從高深知識的傳播、創新到應用，逐漸完善了大學的人才培養、科學研究與社會服務職能。不同於「早發內生型」的西方大學模式，「後發外生型」的中國近代大學學科何以建制與發展，確實是值得思考與研究的主題。

一　選題緣起及意義

　　選題出於以下三方面考慮：第一，中國近代大學學科具有特殊的歷史地位與影響。「現代意義的中國學術的許多基本學科，如果尋其形成的根源，大多數皆可追溯到十九世紀後期至二十世紀初期。」[1]這一時期正是中國近代大學創建時期，也是近代大學學科在西學衝擊下，從傳統知識體系轉型為現代意義科學知識體系的關鍵時期。此後中國大學學科的正當性基本以傳入中國的近代西方學科分類為標準，學科發展的道路上與傳統學科越走越遠，以至於當今對自己傳統學科的定位產生了極大困惑。為了揭示問題產生的根源，有必要考察分析中國近代大學學科建制與發展歷程。

　　第二，大學學科建制與發展研究的必要性。作為知識分類概念的

---

[1] 鍾少華：〈試論民俗學科詞語概念的近代闡述〉，民俗研究2002年第4期（2002年），頁5。

學科不是大學特有的現象，卻是大學不可或缺的因素，「大學的使命是培養、擴展和傳遞人類的想像、推理、記憶和觀察能力所能使之達到儘量合理的知識。如果它不這樣做，就沒有資格成為一所大學，即使它頂著大學的名稱。」[2]顯然，學科是大學的組織細胞，大學的產生與發展離不開學科，正因為如此學科研究是大學研究永恆的主題。「從大學的角度來看學科，它還有一個十分重要的含義，即學科還指稱『建制』。」[3]學科建制是學科發展的組織基礎，大學學科建制是探索學科發展的重要領域，也是瞭解一個國家大學發展歷程的獨特視角，只有經過學科建制，學科發展才具備基本的物質條件、人員儲備和組織基礎。因此，考察大學學科建制與發展，將有利於人們整體上把握大學的演進發展歷程，進一步解讀大學的人才培養、科學研究與社會服務職能，也能深入瞭解學科發展中複雜多變的影響因素，為揭示大學學科發展規律提供思考空間。

第三，考慮到「中國近代大學發展中的個體差異極大，又存在多種不同類型的大學，各自的發展規律不同」[4]的特點，確定以中國近代國立大學學科建制與發展為研究主題。中國近代國立大學由政府投資，著眼於國家需要培養人才，在整個高等教育體系中佔有重要地位。國立大學建設具有一定的保障，有利於整體上解讀近代大學學科發展脈絡。比較而言，省市立大學經費主要依靠省庫供給，在政局動盪戰亂不停的年代，諸多方面建設不夠健全，其學科發展在經費、師資、生源等方面存在實際困難，並在一九四三年後官方統計中已查不

2　〔美〕愛德華‧希爾斯撰，李家永譯：《學術的秩序——當代大學論文集》（北京市：商務印書館，2007年），頁213。

3　李金奇、馮向東：〈學科規訓與大學學科發展〉，《高等教育研究》2005年第9期（2005年），頁80。

4　金以林：《近代中國大學研究：1895-1949》（北京市：中央文獻出版社，2000年），頁1。

到省立大學。民初獲得合法身份的私立大學，由於其辦學主體的特殊性以及在不同當局經歷立案或備案審批等手續，對其學科建制與發展脈絡的把握帶來一定的影響。教會大學「因其辦學宗旨是為傳教服務，與西方對華侵略相聯繫，因此，它並不代表中國近代高等教育的發展方向。」[5]所以，選擇近代國立大學，將有利於從制度、實踐與現實的參照點上較全面解讀中國近代大學學科建制演變發展歷程。

　　中國近代國立大學學科建制與發展研究具有重要的學術價值。主要表現在以下兩方面：第一，本研究有助於豐富和發展高等教育近代化理論，有利於教育史學科建設。研究中國近現代高等教育，高等教育近代化是不可迴避的研究領域。高等教育的近代化「需要結合具體歷史發展過程，從不同角度和層次展開研究，才能揭示其全貌。」[6]作為「後發外生型」的中國高等教育的近代化，離不開西學的影響，選擇學科的視角，系統考察中國近代國立大學學科建制、調整與發展歷程，可以從知識層面上探討中國國立大學的近代化，有助於豐富和發展高等教育近代化理論。同時西學東漸中經、史、子、集「四部之學」為代表的中國傳統學科向文、理、法、商、醫、農、工「七科之學」的轉型是中國近代大學學科體系形成的重要標誌，隨著知識轉型而演化的中國近代國立大學學科建制與發展歷程，不僅是外來因素影響下的客觀發展歷程，也是本土化努力中的主觀適應過程。通過研究中國近代國立大學學科演變特點以及學科發展規律，可以充實中國近代高等教育研究成果，有助於教育史學科建設，具有一定的學術價值。

　　第二，本研究有助於高等教育學科理論體系的完善。高等教育研

5　張亞群：《科舉革廢與近代中國高等教育的轉型》（武漢市：華中師範大學出版社，2005年），頁56。

6　張亞群：《科舉革廢與近代中國高等教育的轉型》（武漢市：華中師範大學出版社，2005年），頁2。

究的複雜性決定其研究方法的多學科性，隨著多學科研究領域的發展，形成了高等教育學諸多分支學科。其中高等教育學科理論是以科學學的觀點與方法研究科學發展與高等教育變革之間的內在聯繫。通過考察分析中國近代國立大學學科建制與發展歷程，探索大學學科發展與科學研究之間的內在聯繫，試圖對科學在中國近代大學中的歷史地位與影響做出適當評價。同時結合專題研究分析中國近代國立大學學科演變發展的影響因素，揭示中國近代國立大學學科演變的特點與學科發展的規律，為高等教育學科理論建設提供可資參考的實證基礎，有助於完善其理論體系。

中國近代國立大學學科建制與發展研究，對我國當今大學學科專業設置與學科建設具有借鑒意義。大學學科專業設置是一項十分複雜的系統工程，它關係到一個國家人才培養與科學發展問題。中國近代大學學科體系建立以來，為了適應人才培養的需要和社會科學發展的實際需求，大學學科設置、建制也不斷地進行了調整與發展。面對當今社會發展對大學學科專業設置提出的新要求，有必要系統考察分析清末以來中國近代大學尤其是國立大學學科建制與發展中的歷史經驗，總結歸納出學科發展的規律，為當今大學學科專業設置提供借鑒。

大學的重要任務之一是通過學科建設提高人才培養品質和科學研究水準。學科建設的內容包括方方面面，有重點學科的建設，有特色學科的挖掘，有優勢學科的發展，也有學科文化的建設，學科制度的規範以及學科建制的改進等。「沒有一流的學科，就沒有一流的大學。」[7]面對高等教育的全球化與國際化，本土化與民族化顯得尤為重要，若想建設世界一流學科，保持傳統與體現特色是制勝的法寶。畢竟每個國家的文化底蘊不同，傳承和發展的文化傳統更不同，千人

7　李化樹：〈論大學學科建設〉，《教育研究》2006年第4期（2006年），頁86。

一面的局面並不是高等教育現代化要達到的終極目標。如何使特色學科與優勢學科接近或達到世界一流水準，向世界一流大學邁進是當前中國研究型大學面臨的一個重要問題。

爭創世界一流大學一流學科，我們學習借鑒發達國家知名大學的學科建設經驗無可厚非，同時關注中國近代大學學科建制與發展的歷史脈絡也是義不容辭。中國近代國立大學的學科從無到有，學科建制從無序到有序，經歷了艱難的發展歷程，以大學學科建制為組織基礎，學科發展從高深知識的傳播、創新到應用，逐漸完善了大學的人才培養、科學研究與社會服務職能。這一發展歷程所呈現的學科演變特點與學科發展規律對當今中國大學學科建設具有一定的參考價值。

二　相關概念界定

本研究主要涉及如下概念界定：

1 中國近代國立大學

中國近代國立大學是中國近代大學的重要組成部分，它與省市立大學、私立大學和教會大學共同構成大學整體。通常以國家或中央政府撥款為主，最高教育行政機構審查設立為國立大學的標準，其表現形式包括辦學主體為國家或中央政府，經費來源主要由國庫支給，生源不受省份局限，校長由中央政府相關部門聘任。中國近代國立大學的時間跨度始於清末，止於一九四九年。限於文獻資料及研究精力和論文篇幅的關係，本研究的時間下限止一九三七年。這一時期的國立大學，主要包括清末三所官辦大學堂，民國初期經教育部認可，經費由國庫支給的公立大學以及國民政府時期高等教育統計中明確指認的國立大學。

2 學科

　　不同歷史時期學科的內涵有所不同。中國古代文獻中出現的「學科」一詞，是指科舉考試科目。發展到近代，學科主要指西方引進的諸多科學分支。演變到當今，學科是相對獨立系統化的科學知識體系，它是「學術的分類，指一定科學領域或一門科學的分支。」[8]外延上學科包括人類科學發展中形成的諸多科學分支。如自然科學中的數學、物理學、化學、生物學，社會科學中的經濟學、政治學、社會學、人類學以及人文學科中的文學、歷史與哲學等理論科學。也包括農學、工學、商學、醫學、法學、教育學等應用科學。這裏的理論科學與應用科學是相對而論的，「理論科學指綜合研究一門科學的基本概念、基本原理和基本規律等的科學……應用科學指直接服務於生產或其它社會實踐的科學。」[9]

　　「學科」一詞早在中國古代文獻中就已出現過。《新唐書》一九八卷儒學傳記載「自楊綰鄭餘慶鄭覃等以大儒輔政，議優學科，先經誼，黜進士，後文辭，亦弗能克也。」[10]由此推斷，「學科」一詞與科舉考試相關聯。楊綰為國子監祭酒，好學不倦，博通經史，唐玄宗時期登科者，輔政於唐代宗，充當過宰相。「唐代宗寶應二年（763），禮部侍郎楊綰上疏奏請停罷進士、明經和道舉科目，令縣令依古制察孝廉。」[11]可見，「議憂學科」中的學科指科舉考試科目。科舉考試科目從進士一科，到唐高宗時期增加到進士、雜文、明經填貼。從唐代開始常行秀才、明經、進士、明法、明書、明算等分科取士科目。

8　《辭海（教育學・心理學分冊）》（上海市：上海辭書出版社，1987年），頁14。

9　夏徵農：《辭海（1999年版縮印本）》（上海市：上海辭書出版社，2002年），頁1003、2051。

10　《辭源（修訂本・二）》（北京市：商務印書館，1979年），頁796。

11　劉海峰：《科舉學導論》（武漢市：華中師範大學出版社，2005年），頁97。

　　發展到近代，「學科」一詞的內涵發生變化，不再專指科舉考試科目，開始指稱從西方引進的諸多科學分支，「學科」一詞包含了學術分科的含義。據《近現代辭源》記載，近代文獻中出現「學科」一詞是在一八七八年郭嵩燾的《倫敦與巴黎日記》中。他在記載〈東京開成學校一覽〉時「略記其學科：曰普通學，曰法學科，曰化學科，曰工學科，曰物理學，曰製作學，曰史學、理學，曰數學，曰動物學、植物學，曰金石學科，曰地質學科，曰採礦學科，曰畫學科，曰冶金學，曰機械工學，曰土木工學。」[12]此後人們對「學科」一詞的解讀基本採納其學術分科的內涵，不再從科舉考試科目的含義去解釋。

　　一九三〇年商務印書館出版的《教育大辭書》對「學科」作了如下解釋：「學校中一種課程之全體。據我國法令，在小學校者謂之教科，在中學校以上之學校者始謂之學科。」[13]「學科」明顯區別於小學的「教科」，專指中學以上學校一種課程的全部，課程也成為學科的內容載體和外在表現形式。如果以不同階段課程的屬性特徵看，小學階段的課程以語文、數學、品德為主，注重知識的常識性和綜合性，而中學階段的課程除了語文、數學、品德之外加設歷史、地理、物理、化學、生物等，開始注重知識的多樣性和相對獨立性。如此看來，區別於「教科」，專指中學以上學校一種課程全部之學科，傾向於知識的多樣性和相對獨立性，代表了知識的分門別類。

　　「學科」與「教科」二詞除了內容的區分之外，主體的區分也值得思考。相較於「教科」注重教授者主體地位，「學科」強調的是學習者主體地位。教學過程是一種由教與學構成的雙邊活動，它必然要求教師與學生之間的雙向交流與互動，在這一過程中師生均處於主體

---

12 黃河清編著：《近現代辭源》（上海市：上海辭書出版社，2010），頁845。
13 唐鉞、朱經農、高覺敷：《教育大辭書》（上海市：商務印書館，1930年），頁1509。

地位。不可否認二者在知識、經驗和成熟度等方面存在差異，也正因為這種差異的存在才有了「師」與「生」的角色區分。「教師與學生的主體性及各自在教學活動中的地位是一個動態的過程，」[14]隨著學生年齡的不斷增長,教師的主體地位逐漸減弱,學生的主體地位卻呈現出上陞趨勢。按照主體地位消長規律，小學「教科」，凸顯的是教授者主體地位，中學以上學校的「學科」，凸顯的是學習者主體地位。這一點上與英文的學科（discipline）一詞的解釋頗為相似：「據《牛津英語字典》，discipline（學科／規訓）為門徒和學者所屬，而教義（doctrine）則為博士和教師所有。」[15]英語的「學科」相對於「教義」，指向主體上凸顯了學習者。可見，中國近代採用的「學科」一詞不僅體現了知識的多樣性與相對獨立性屬性，也表現出注重學習者主體地位的特徵。

如今，人們強調學科是科學發展到一定階段，隨著知識分化而出現的產物。《辭海》中解釋「學科：學術的分類。指一定科學領域或一門科學的分支。」[16]學科是學術分類的結果，學術是系統的、較專門的學問，而學問是正確反映客觀事物的系統知識。那麼，學科產生的基本理路可以表述為：

知識———學問———學術———學科

系統化　　　專門化　　　分類

知識的系統化研究構成學問，學問的專門化研究構成學術，學術的分類便是學科。

---

14 王鑒：〈現代教學論要旨〉，《教育理論與實踐》1998年第4期（1998年），頁59。

15 沙木韋、梅瑟·達維多：〈學科規訓制度導論〉，收入〔美〕華勒斯坦等撰，劉健芝等編譯：《學科·知識·權力》（北京市：生活·讀書·新知三聯書店，1999年），頁13。

16 《辭海（教育學·心理學分冊）》（上海市：上海辭書出版社，1987年），頁14。

學科產生的基本理路，為探析現代語境中學科的邏輯起點提供了重要的啟迪。曾有學者把知識作為學科的邏輯起點。但是人類的知識浩如煙海，是否所有知識都包含在學科裏呢？答案是否定的。「孔德認為，作為科學分類之對象的知識不是全部知識。作為科學分類之對象的又僅僅是「理論的知識」中的「抽象的一般科學。」[17]孔德曾把人類知識分為「理論的知識」（關於思考的知識）和「實踐的知識」（為了行動的知識）。把「理論的知識」又分解成「抽象的一般科學」和「具體的特殊的記述科學」。前者是以發現各種現象的規律為目的的科學，後者是把各種規律運用到現實中去的科學。既然學科是一定科學領域或一門科學的分支，孔德強調的科學分類的對象是抽象的一般科學，那麼把學科的邏輯起點可否歸結為科學知識。

學科是一個嚴密而嚴謹的科學知識體系，不是任何研究領域都能成為學科。首先，學科是科學知識體系，由一系列概念、原理以及證明它們的科學事實構成，不是零散的思想和觀念。其次，學科具有系統化特徵。系統化表現為學科具有規範的概念體系和嚴密的邏輯結構。它是經過反覆論證和實踐後的規律性認識成果，不因外在環境的變遷而輕易變動。所以，不是任何一個研究領域都成為學科，「『學科』（discipline）、『研究領域』（researchfield）、『問題』（issue）的內在邏輯性和嚴密性則依次遞減。實際上，中文裏面傳統學術領域中的『學』在英語中對應的是『研究』（study）而非『學科』（discipline），更不是『科學』（-ology）的概念。」[18]最後，學科具有相對獨立性。相對獨立性說明學科具有獨特的研究對象與獨立的治學方法。此觀點在國內外學術史研究者的論點中就可以得到認證，如陳平原在分析中

---

17 歐力同：《孔德及其實證主義》（上海市：上海社會科學院出版社，1987年），頁83。

18 劉海峰：《科舉學導論》（武漢市：華中師範大學出版社，2005年），頁15-16。

國現代學術建立歷程時，就曾強調學科的不同路徑與方法，「不難明白學科的界定，其實與治學方法相互勾連……在章氏看來，不同的學科應有不同的路徑與方法，比如，『經學以比類知原求進步』，『哲學以直觀自得求進步』，『文學以發情止義求進步』。」[19]如此看來，章太炎先生對經學、哲學和文學獨特研究方法的歸納總結，啟迪人們對學科獨有的治學方法的關注與認可。沙木韋和梅瑟‧達維多在《學科規訓制度導論》中也提出「稱一個研究範圍為一門「學科」，即是說它並非只是依賴教條而立，其權威性並非源自一人或一派，而是基於普遍接受的方法和真理。」[20]如果說學科獨立地位的確立，以代表性人物、著作或是實驗室創始等作為標誌的話，學科獨立地位被公眾認可，必然離不開其獨特的研究對象與治學方法。

3 知識分類

知識分類是依據一定的邏輯關係對知識外延進行的一種歸類。由於劃分標準的不同，可以有多種歸類。中國古代代表性知識分類有「六藝」、「六經」、「七略」經、史、子、集「四部之學」以及義理、詞章、考據、經世四種分類。在西方，柏拉圖和亞里斯多德提出了知識分類體系。隨著近代科學的產生，培根、孔德、斯賓塞、恩格斯等人也提出代表性觀點，促進了人文學科、自然科學與社會科學的分化與發展。隨著科學知識的不斷積累與發展，知識的分化與分類越發繁多。

學科是知識分類的結果，知識分類是學科的本質屬性，但並不是

---

19 陳平原：《中國現代學術之建立：以章太炎、胡適之為中心》（北京市：北京大學出版社，1998年），頁16-17。

20 沙木韋、梅瑟‧達維多：〈學科規訓制度導論〉，收入〔美〕華勒斯坦等撰，劉健芝等編譯：《學科‧知識‧權力》（北京市：生活‧讀書‧新知三聯書店，1999年），頁13。

所有知識分類都能成為學科。作為一定科學領域或一門科學分支的學科是探索規律為目的的理論知識分類的結果。知識本質上是綜合一體的，分類本身一方面反映人類認識的深化，另一方面也說明人類認識的局限性。隨著人類認識與實踐活動的不斷深化，學科發展的終極目標是回歸知識的整合。「每一學科內部所包含的基本概念、基本命題及基本原理往往是同相鄰學科的概念、命題及原理相關聯的。這種關聯使得學科與學科之間具有一種相互依存相互作用的關係，由此就使知識結合為一個統一的不可分割的整體。」[21]所以，學科不是永恆的概念，而是歷史的概念，是人類認識活動的階段性產物。

4 科學

　　學科與科學有諸多關聯，詞源上二者均源自中國古代科舉考試。「『科學』一詞的詞源也是從『科舉之學』演化而來，在十九世紀六〇年代，日本人從中國宋代用法中借來了術語『科學』。只是『科學』一詞雖然脫胎於『科舉之學』，但經過日本人的借用遷移之後，語義已發生變化，一般專指自然方面的學問，用來指英語中的 science 一詞，與科舉已沒有什麼關係了。」[22]日本人借用的「科學」一詞，在近代國人學習和翻譯日本書籍的過程中開始被使用。據「中國科技史家樊洪業先生考證，中國最早引入『科學』二字的學者是康有為先生，他在一八九七年十一月前編寫的《日本書目志》一書中介紹了這樣兩本書：《科學入門》，普及舍譯；《科學之原理》，木村俊吉著。」[23]

21　昌家立：《關於知識的本體論研究：本質、結構、形態》（成都市：巴蜀書社，2004年），頁61。

22　劉海峰：〈「科舉學」古今含義的演變〉，《集美大學學報》2005年第1期（2005年），頁3。

23　張建偉：《近代化細節》（長沙市：湖南人民出版社，2008年），頁138。

由此推斷，「科學」一詞，在中國近代社會轉型中內涵發生變化，從「科舉之學」演變為「自然方面的學問」。

發展至今，科學不局限於自然科學方面的學問，它是「運用範疇、定理、定律等思維形式反映現實世界各種現象的本質和規律的知識體系。」[24]不僅包括自然科學，也包括社會科學和人文學科以及農業科學、醫藥科學、工程與技術科學等。學科作為相對獨立系統化的科學知識體系，是一門科學的分支。因此科學是學科的上位概念，學科是科學的下位概念，外延上科學涵括學科，學科包括人類科學發展中形成的諸多分支。正因為如此，「科學是第一性的、決定方面的因素，學科是第二性的，被決定方面的因素。」[25]二者的區分在於，科學具有整體性，整個客觀世界的各種現象都是它的研究對象。學科具有相對獨立性，有自己獨特的研究對象與治學方法。

5 學科建制

解釋學科建制，必定先從建制一詞的內涵入手。「有的時候，建制這個名詞被當成是『組織』的同義語，其它一些時候，這個名詞被當成是『社會規範』、『習俗』或『傳統』的同義語。」[26]本文主要從其「組織」的內涵上解釋並理解學科建制的含義。按照《辭海》的解釋，建制是「按編制編成的軍隊各種組織及其隸屬關係。」[27]將建制的概念演繹到高等學校中，高等學校建制指「高等學校中學科專業的

---

24 夏徵農：《辭海（1999年版縮印本）》（上海市：上海辭書出版社，2002年），頁919。

25 蔡曙山：〈科學與學科的關係及我國的學科制度建設〉，《中國社會科學》2001年第3期（2001年），頁79。

26 〔美〕小摩裏斯.N.李克特撰，顧昕、張小天譯：《科學是一種文化過程》（北京市：生活‧讀書‧新知三聯書店，1989年），頁26。

27 夏徵農：《辭海（1999年版縮印本）》（上海市：上海辭書出版社，2002年），頁798。

編制方式及其組織形式。」[28]由此可見，高等學校建制的核心是學科建制。結合建制與高等學校建制的詞義界定，把學科建制界定為：按照學科編制編成的學術組織及其隸屬關係。其中學科編制是指學科門類、層次、數量的設置及其人員定額與職務分配。學科建制是學科發展的組織實體，只有經過學科建制，學科發展才具備基本的物質條件、人員儲備和組織基礎，「學科建制則可以被認為是實現學科組織實體化、保障學科組織在大學中獲得合法地位，從而確定學科組織真正成為大學學科建設核心的關鍵一步。」[29]

「以中世紀為起點，學科建制經歷了個人 —— 學會 —— 科學院 —— 大學的演變歷程。」[30]由此推斷，按學科編制編成的學術組織系統不是大學獨有的，大學之外的學會、專門研究機構、圖書資料中心和學科專門出版機構等也歸屬於學科建制範疇。但是以學科為基礎建立的科、門、學系、學院以及研究院、研究所、研究部等基層學術組織是大學學科建制特有的範疇。

為了加深對學科建制的理解，有必要分析學科建制與學科建設、學科制度之間的關係。首先，學科建制不同於學科建設。學科建設是學科的屬概念，涵括了學科發展的所有方面。它可以把一個研究領域建設成學科，也可以把學科門類劃分出一級學科、二級學科等分支領域，也可以把普通學科建設成重點學科，甚至可以把特殊學科建設成特色學科和優勢學科等。除了學科的產生、發展和完善的縱向歷程之外，學科建設還包括很多橫斷面，如學科文化、學科制度以及學科建制等，似乎與學科相關的任何一個概念都可以是它的種概念。從學科

28 周川：〈高等學校建制的組織學詮釋〉，《教育研究》2002年第6期（2002年），頁69。

29 宣勇、淩健：〈大學學科組織化建設：價值與路徑〉，《教育研究》2009年第8期（2009年），頁36。

30 宣勇：《大學變革的邏輯（上）》（北京市：人民出版社，2009年），頁93。

建設終極目標看，觀念層面上，學科建設要形成不同學科的傳統，不僅得到同行間相互認同，還便於吸納和培養各自學科的繼承者；行動層面上，學科建設要形成學術共同體，促進學科人員的職業化、確定人才培養計劃、創辦學會和專業期刊等等。因此，外延上學科建設涵蓋學科建制，學科建制在學科建設中更多側重於學科的組織機構方面的建設。

其次，學科建制不同於學科制度。目前為止，學界在學科制度概念界定上基本引用方文教授的觀點，「學科制度界定為，秉承確定的職業倫理體系的知識行動者，在特定學科的知識生產和知識創新過程中所建構的制度體系，其基本要素，涵括知識行動者群體及其職業倫理體系、學科培養制度、學科評價與獎懲制度、學科基金制度。」[31]從其構成內容看，學科制度主要是學科內部標準，包括學科人員職業化、人才培養制度、學科評價制度和獎懲制度等。相較於學科制度，學科建制是學科外在組織框架，是劃分學科界限的顯性標誌，人們通過學院、學系等大學學科建制很容易區分不同學科領域。大學學科建製作為一種以學科為基礎建立的學術組織系統，它是一種社會實體，只有實體才能承擔一定的職責、任務，其主要職能是培養人才、發展科學與社會服務。學科制度作為一種活動標準，要發揮一定的作用，具體而言，「學科制度的基本功能——訓練學科新人、訓練學者。學科制度的派生功能——約束、秩序、激勵功能。」[32]相對而言，功能是客觀的，表明事物能做什麼，起什麼作用，職能是主觀設定的，帶有人為的目標與職責。因此，學科制度是客觀標準，學科建制是人為劃分的結果。學科制度具有普適性，一旦形成，便具有普遍的約束規

31 方文：《學科制度和社會認同》（北京市：中國人民大學出版社，2008年），頁32。
32 龐青山：《大學學科論》（廣州市：廣東教育出版社，2006年），頁229-231。

範作用。學科建制具有因地制宜性，同樣的學科建制在不同的歷史時期、不同院校中的職能發揮有所不同。

6 學科發展

「學科發展指的是學科知識獲得了增長或學科知識體系得以擴張。學科發展本質上是實現學科組織從無序到有序的發展，從被組織到自組織的進化。」[33]學科發展是一個內外部共同發展過程，通過內在知識的增長與外在組織的進化得以實現。一方面通過相對獨立系統化的科學知識的傳播、創新與應用，使學科知識體系得以擴張，另一方通過學科外在表現實體的組織系統的良性迴圈，使學科組織從外部作用力下的發展逐步實現內部作用力下的進化。

學科是大學的組織細胞，對大學而言，大學學科發展意味著大學的人才培養、科學研究與社會服務職能的完善與整合過程。雖然學科發展不局限於大學範圍，關係到整個學科共同體，但大學職能的充分發揮無疑是學科發展強大的動力來源。大學學科發展離不開知識、資源與制度等核心因素的影響，其中知識的傳播、創新與應用是學科發展的基礎，人力、物力與財力的獲取是學科發展的基本保障，規範、激勵與決策制度的建設是學科發展的有效途徑。

三　文獻綜述

有關中國近代國立大學的研究，主要集中在國立化進程、校史、管理制度、校長、教師、學科、課程等研究領域。雖未查到系統研究中國近代國立大學學科建制與發展的相關論著，但有關中國近代學科

---

33 宣勇：《大學變革的邏輯（下）》（北京市：人民出版社，2009年），頁718。

演變的論著論文以及中國近代國立大學學科建制、學科發展史及校長學科思想研究文獻，為本研究提供了寶貴的研究基礎。

（一）中國近代學科演變研究

　　研究中國近代國立大學學科建制，首先從近代學科轉型或演變歷程入手。近年來系統研究中國近代學科演變的代表作有左玉河的《從四部之學到七科之學：學術分科與近代中國知識系統之創建》。該著作專門探討了晚清時期中國傳統知識系統——經、史、子、集「四部之學」向文、理、法、醫、農、工、商「七科之學」的轉型歷程，時間跨度上學科轉型從十九世紀六〇年代開始，二十世紀初大致成形，「五四」運動時期基本確立，二十世紀三〇年代最終完成。作學科轉型動因分析中突出經世學風的興起與西學的傳播，認為傳統學術的衰落及轉型與西學的引入之間存在一種關聯互動關係。張亞群教授的《科舉革廢與近代中國高等教育的轉型》一書，在探討廢科舉對近代中國高等教育轉型的重大影響時，專門論述了廢科舉對中國近代學科演變、大學學科設置與建設產生的深遠影響。紀寶成教授的《中國大學學科專業設置研究》，在歷史縱向考察部分，以晚清和民國時期大學的學科分類為起點，高度概括清末〈奏定大學堂章程〉與民初〈大學令〉中有關學科分類思想，並簡要分析中國近代大學學科設置的特點。

　　直接探討中國近代學科演變的博士學位論文三篇、碩士學位論文二篇。山西大學陳學東的博士學位論文《近代科學學科規訓制度的生成與演化》，第七章探討了近代科學在中國的傳播與學科規訓制度在近代中國誕生與發展的社會根源。河北大學劉毅瑋的博士學位論文《西方心理學的傳入與中國近現代心理學科的發展》與山東大學毛新清的博士學位論文《劉師培與中國文論的現代轉型》，均屬於中國近

代學科轉型問題的專門研究。河南大學崔躍峰的碩士學位論文《西學東漸與中國高等教育中近代學科的設立》與大連理工大學趙靈芝的碩士學位論文《西方學科分類在中國的引入——以張之洞的「八科分學」為例》，均分析探討了晚清西學東漸背景下中國近代大學學科體系的形成問題。

蕭朗教授探討過西學東漸與近代大學學科的形成問題，在中國近代大學學科演變方面的研究成果較多。[34]其中〈中國近代大學學科體系的形成——從「四部之學」到「七科之學」的轉型〉一文，從思想、實踐與制度層面分析了中國近代大學學科體系的形成過程。〈明清之際西方大學學科體系的傳入及其影響〉一文，主要考察分析了第一次西學東漸中，西方大學學科體系由來華天主教耶穌會傳教士傳入中國的過程及其深遠影響。

羅志田教授深入探索了西學衝擊下中國近代學科的演變與影響問題，先後在《社會科學研究》發表〈國學不是學：西方學術分類與民初國學定位的困惑〉與〈西學衝擊下近代中國學術分科的演變〉等文。[35]前文探討了清末民初一部分學者對「國學」學科正當性問題的

---

34 代表性論文有蕭朗：〈明清之際西方大學學科體系的傳入及其影響〉，《浙江大學學報（人文社會科學版）2009年第1期（2009年）；蕭朗：〈中國近代大學學科體系的形成——從「四部之學」到「七科之學」的轉型〉，《高等教育研究》2001年第11期（2001年）；蕭朗：〈艾儒略與明清之際西方教育的導入〉，《社會科學戰線》2001年第2期（2001年）；蕭朗：〈從傳教士看西方高等教育的導入〉，《高等教育研究》2000年第5期（2000年）；蕭朗：〈略論明清西方高等教育的導入〉，《南京大學學報（哲學・人文科學・社會科學）》，2000年第4期（2000年）；蕭朗：〈《西學考略》與中國近代教育〉，《華東師範大學學報（教育科學版）》1999年第1期（1999年）；蕭朗：〈近代西方教育導人中國之探源－－艾儒略與明末西方教育的導入〉，《河北師範大學學報（教育科學版）1999年第1期（1991年）等。

35 羅志田：〈國學不是學：西方學術分類與民初國學定位的困惑〉，《社會科學研究》2002年第1期（2002年）；羅志田：〈西學衝擊下近代中國學術分科的演變〉，《社會科學研究》2003年第1期（2003年）。

爭論，深入剖析傳入近代中國的西方學科分類對傳統學科定位產生的
直接與深遠影響。後文重點考察回顧了近代中國學術分科的演變歷
程。張亞群教授的〈廢科舉與學術轉型——論清末科學教育的發展〉
一文，以廢科舉為契機，探索了清末學術評價標準發生的深刻變革以
及科學教育在管理體制、規模、程度及專業課程上獲得的長足發展，
進而闡述廢科舉對近代學術轉型與二十世紀中國文化教育的演進產生
的深遠影響。[36]王天根教授的〈嚴復與近代學科〉一文，以嚴復的進
化論思想為根基，剖析其學科建構思想。[37]此外，也有相關論文[38]探
討了近代大學學科演變與西方學科的引入問題。

（二）中國近代國立大學校長學科思想研究

　　該研究主要集中在梅貽琦、蔡元培、郭秉文、楊振聲、嚴復、竺
可楨、辛樹幟等曾任近代國立大學校長的學科思想探討方面，或專題
研究，或結合其辦學思想綜合論述。[39]研究成果方面，劉劍虹研究員

---

36 詳見張亞群：〈廢科舉與學術轉型——論清末科學教育的發展〉，《東南學術》2005
　　年第4期（2005年）。

37 詳見王天根：〈嚴復與近代學科〉，《清史研究》2007年第1期（2007年）。

38 代表性論文有王成軍、周志丹、袁軍：〈百年中國大學學科改造及現階段相關問題
　　研究〉，《科研管理》2002年第6期（2002年）；鄧岳敏、張亞群、探析民國時期大學
　　設置標準的演變，《交通高教研究》2003年第6期（2003年）；徐曼：〈留美生與中國
　　近代自然科學學科的建立和發展〉，《學術論壇》2005年第4期（2005年）；楊吉安：
　　〈江西留學生與中國近代科學學科的構建〉，《教育評論》2008年第5期（2008年）；
　　鄭剛：〈學科視角：中國近代大學設置標準的演變及特點〉，《南通大學學報（教育
　　科學版）》2009年第3期（2009年）；崔躍峰：〈近代學科引入中國的歷程（1862-
　　1922）〉，《周口師範學院學報》2010年第4期（2010年）等。

39 代表性論文有劉劍虹：〈蔡元培的大學學科建設理論及特點〉，《師資培訓研究》
　　2001年第3期（2001年）；劉劍虹：〈梅貽琦的大學學科建設思想初論〉，《高等師範
　　教育研究》2001年第1期（2001年）；苟德敏：〈竺可楨大學學科建設思想研究〉，
　　《華中師範大學研究生報》2010年第1期（2010年）；劉正偉：〈國立東南大學與江

二〇〇一年發表的〈梅貽琦的大學學科建設思想初探〉一文，以梅貽琦通才教育思想為核心，分析其大學學科的綜合化思想和國家需要為準繩的學科建設思想。作者同年發表的〈蔡元培的大學學科建設理論及特點〉一文，結合蔡元培二元論哲學思想，分析其文理綜合、學術分立的大學學科建設理論和教授為主體的學科建設組織管理模式，可以說開啟了中國近代國立大學校長學科思想研究的序幕。劉正偉的〈國立東南大學與江蘇教育近代化〉一文涉及到郭秉文校長「寓師範於大學」、「人文與科學相結合」的學科思想。張雪蓉在〈國立東南大學辦學思想和辦學實踐的啟示〉一文中，分析郭秉文校長的學科思想為：人文學科與自然科學並重、理工交叉、文理滲透的文、理、工俱全思想和本科重通、專科重專的通才與專才並重思想。翟廣順的〈楊振聲與國立青島大學──紀念楊振聲逝世五十週年〉一文，在闡述楊振聲校長辦學特色時，專門提到其「文理兼通，中西交融」思想和增設海洋學、氣象學、歷史學、考古學和哲學等特色學科的主張。傅宏遠在〈楊振聲與國立青島大學〉一文中，闡釋楊振聲校長學科思想的來源為「深深帶有蔡元培和北大的印跡，這特別表現在對於文理的高度重視。」[40]苟德敏的〈竺可楨大學學科建設思想研究〉一文，以國立浙江大學校長竺可楨學科思想的產生條件、內容、意義為基本思路，重點分析其尚樸素、重實用和重規模、更重層次，走內涵式發展道路的學科思想。

　　許小青的博士學位論文《從東南大學到中央大學──以國家、政

蘇教育近代化〉，《東南大學學報（哲學社會科學版）》2002年第3期（2002年）；張雪蓉：〈國立東南大學辦學思想和辦學實踐的啟示〉，《高等工程教育研究》2003年第2期（2003年）；翟廣順：〈國立青島大學時期的聞一多──紀念聞一多殉難60週年〉，《青島大學師範學院學報》2006年第3期（2006年）；傅宏遠：〈楊振聲與國立青島大學〉，《雲夢學刊》2009年第5期（2009年）等。

40 傅宏遠：〈楊振聲與國立青島大學〉，《雲中學刊》2009年第5期（2009年），頁7。

黨與社會為視角的考察（1919-1937）》，第一章第二節中專門分析了
郭秉文「四個平衡」的辦學理念：即「通才與專才的平衡」、「人文與
科學的平衡」、「師資與設備的平衡」、「國內與國際的平衡」。其中前
兩個平衡為其學科理念的集中體現。尤其把他的「通才與專才的平
衡」與蔡元培的「學與術相區分」的學科思想對比研究很有啟發。朱
長彥的碩士學位論文「從甘肅官立法政學堂到國立蘭州大學（1909-
1949）」，闡述辛樹幟校長辦學特點時也涉及到其學科思想。總的來
看，近代國立大學校長的學科思想研究主要集中於北大、東大、清
華、浙大等知名大學校長的學科思想方面。

（三）中國近代國立大學學科建制研究

周川教授的〈中國近代大學建制發展分析〉一文，以中國近代高
等教育的有關法規文獻和國立大學校史資料為依據，考察了中國近代
大學建制形成與發展的線索，並總結歸納出其發展的特點，很大程度
上體現了該研究領域的新成果，具有重要的參考價值。[41]此外，有關
中國近代國立大學校史研究中，涉及到學科建制的相關研究成果。王
李金的博士學位論文《從山西大學堂到山西大學（1902-1937）：探尋
中國近代大學教育創立和發展的軌跡》第二、三章，考察山西大學堂
教學實踐部分，分析了中學專齋和西學專齋的學科設置情況；第四章
第二節，結合中國近代大學學科體系演變，探索了山西大學學科建制
從傳統趨向近代的發展歷程。許小青的博士學位論文《從東南大學到
中央大學——以國家、政黨與社會為視角的考察（1919-1937）》第一
章第一節，分析東南大學國立化進程時專有科、系建制的考察分析。

胡晶君的碩士學位論文《國立中山大學學校管理探析（1924-

---

41 詳見周川：〈中國近代大學建制發展分析〉，《北京大學教育評論》2004年第3期（2004
　年）。

1931）》第二章第二節，介紹了國立廣東大學學科設置情況與改稱國立中山大學後的學科建制。徐文勇的碩士學位論文《鄒魯與國立廣東大學（1924-1925）》，也介紹了鄒魯長校時期國立廣東大學學科建制。朱長彥的碩士學位論文《從甘肅官立法政學堂到國立蘭州大學（1909-1949）》，也提到國立蘭州大學「科一系」建制概況。李莉的碩士學位論文《抗日戰爭時期的國立東南聯合大學（1941年12月至1943年7月）》，闡述了東南聯大真正籌辦時期的「院一系」建制。

　　蕭超然的〈京師大學堂創辦述略〉一文，對京師大學堂分科大學時期「科一門」建制略有介紹。劉正偉的〈國立東南大學與江蘇教育近代化〉一文，也較早涉及到學科建制問題的研究，提出「東大在朝向大學的發展過程中，依靠一些知名專家，往往把原來一二個單科的系科，經營和拓展成多個學系組成的相當於現在學院的聯合性系群一科，」[42]並強調指出這種科、系建制在當時並不多見，也可以說是國立東南大學的獨創。趙雄輝的〈國立長沙臨時大學歷史述評〉一文，在闡述國立長沙臨時大學建立過程時提到有關學科建制問題。劉鵬，顧淵彥的〈國立中央大學體育教育之研究〉一文，在國立中央大學體育科歷史沿革中，簡單梳理了南京國民政府成立初期、抗戰時期和抗戰勝利後不同歷史時期國立中央大學學科建制演變歷史。依此類推，有關中國近代國立大學校史研究中或多或少可以查到學科建制方面的簡介或概要分析。

（四）中國近代國立大學學科發展史研究

　　在中國近代國立大學學科發展的系統梳理方面，有河南大學李昕揆的碩士學位論文《近代學制變革與中國現代文學理論學科的確立》

---

42 劉正偉：〈國立東南大學與江蘇教育近代化〉，《東南大學學報（哲學社會科學版）》2002年第3期（2002年），頁27。

和中國科學技術大學陳家新的碩士學位論文《國立西南聯合大學的物理人才培養及研究工作》。論文分別對中國現代文學理論學科的建立與西南聯大物理學科建設與人才培養問題進行了系統考察分析。

　　此類研究還包括國立大學科學教育、教育學科、商科、工科、農科等學科門類以及心理學、哲學等一級學科的歷史演變發展研究。[43]在中國近代國立大學科學教育研究方面，〔法〕巴斯蒂的〈京師大學堂的科學教育〉一文具有重要的參考價值。此文不僅以翔實的史料論證了京師大學堂創辦初期與發展過程中科學教育的實施狀況，還分析其學科建制。

---

43 代表性論文有〔法〕巴斯蒂：〈京師大學堂的科學教育〉，《歷史研究》1998年第5期（1998年）；侯懷銀、李艷莉：〈民國時期教育系科的分佈及其特徵〉，《高等教育研究》2011年第10期（2011年）；項建英：〈民國時期綜合性大學教育學科論略——以中央大學、北京大學為個案〉，《高教探索》2006年第5期（2006年）；項建英：〈論近代學制與大學教育學科的發展〉，《江蘇高教》2007年第3期（2007年）；項建英：〈論近代中國大學教育學科設置模式嬗變〉，《江蘇高教》2009年第3期（2009年）；項建英：〈教育「科學化」運動與近代中國大學教育學科的發展〉，《現代大學教育》2009年第5期（2009年）；蕭朗、項建英：〈近代高等師範學校教育學科的建立與發展——以北高師和南高師為中心〉，《華東師範大學學報（教育科學版）》2006年第1期（2006年）；蕭朗、項建英：〈學術史視野中的近代中國大學教育學科〉，《社會科學戰線》2009年第9期（2009年）；周興樑、胡耿：〈中國教育科學研究與人才培養的開拓者——國立中山大學教育研究所（1927-1949）探析〉，《中山大學學報（社會科學版）》2009年第2期（2009年）；張紹磊：〈黃炎培與國立暨南學校規復初期的學科建設（1917-1923）——以商科建設為例〉，《暨南學報（哲學社會科學版）》2006年第6期（2006年）；鄧小林：〈近代工科的發展及其引起的社會分層與社會流動——以交通大學土木工程學科的發展為個案〉，《煤炭高等教育》2010年第4期（2010年）；周谷平、趙師紅：〈農學留學生與近代中國高等農學學科的發展〉，《浙江大學學報（人文社會科學版）》2009年第10期（2009年）；徐曼：〈留美生與中國近代自然科學學科的建立和發展〉，《學術論壇》2005年第4期（2005年）；胡延峰：〈學科規訓視野中近代中國心理學學科的發展——以中央大學心理學系為例〉，《心理學探新》2009年第5期（2009年）；尚小明：〈民國時期大學哲學科系的「熱」與「冷」〉，《北京大學教育評論》2010年第3期（2010年）等。

　　教育學科發展研究成果較豐富，項建英的系列論文很有代表性。其中〈民國時期綜合性大學教育學科論略——以中央大學、北京大學為個案〉一文，專門論述了民國時期兩所代表性國立大學的教育學科設置的緣由及特點；〈論近代中國大學教育學科設置模式嬗變〉一文，從宏觀視角審視了中國近代高等教育領域中教育學科設置模式的演變歷程。侯懷銀，李豔莉的〈民國時期教育系科的分佈及其特徵〉一文，對民國時期教育系科在中國的地域分佈、院校分佈以及時間分佈情況進行了較為全面的研究。周興樑、胡耿的〈中國教育科學研究與人才培養的開拓者——國立中山大學教育研究所（1927-1949）探析〉和胡耿的〈中國近代教育科學研究機構的先驅——國立中山大學教育研究（1927-1949）〉等文，探索了國立中山大學教育研究所的發展歷史及其對人才培養產生的作用。

　　張紹磊的〈黃炎培與國立暨南學校規復初期的學科建設（1917-1923）——以商科建設為例〉一文，闡述了暨南學校創辦到上海商科大學創建過程中黃炎培對我國商科的創建與發展做出的巨大貢獻。鄧小林的〈近代工科的發展及其引起的社會分層與社會流動——以交通大學土木工程學科的發展為個案〉一文，通過土木工程學科在國立交通大學的設置與發展歷程，揭示其在近代國立大學的發展路徑。楊直民、沈鳳鳴、狄梅寶的〈清末議設京師大學堂農科和農科大學的初建〉一文，回顧北京農業大學前身時，考察了京師大學堂農科創建歷程。胡延峰的〈學科規訓視野中近代中國心理學學科的發展——以中央大學心理學系為例〉一文，從學科理論視角，論述了國立中央大學心理學系的創建、師資隊伍建設、人才培養、科學研究等活動史。尚小明的〈民國時期大學哲學科系的「熱」與「冷」〉一文，以縱橫角度比較分析民國時期哲學發展的不均衡現象，在縱向時間跨度上，分析了一九一九年前後出現的短暫的哲學研究熱，在橫向比較上，對比

文學和歷史學發展，闡述哲學在大學學科體系中的地位與發展狀況。

除了上述專題研究之外，也有從教育與社會宏觀角度或從教師聘任的微觀層面探討中國近代國立大學學科發展中影響因素的研究成果。如方增泉的〈略論二十世紀二三十年代中國大學的學科調整——從大學教育與經濟現代化的關係的角度看〉與鄧小林的〈試論近代國立大學教師聘任與近代大學及學術發展之關係〉等較為典型。

綜合上述研究，中國近代學科演變研究較為系統，不僅有代表性著作，也有系列研究論文，且研究群體屬於近代史研究與學科研究方面的專家學者，為中國近代學科問題的後續研究提供了重要的理論基礎。中國近代國立大學學科方面的研究以個案研究為主，呈現出多學科研究的特點。個案研究中不僅有院校個案與單學科個案研究，還有某一所國立大學某學科的個案研究。如國立交通大學土木工程學科、國立中央大學心理學科、北京高等師範學校與南京高等師範學校的教育學科、國立中央大學與國立北京大學教育學科研究等等。

多學科研究特點主要表現為研究視角的多科性與研究主體專業背景的多樣性。以學位論文為例，《近代科學學科規訓制度的生成與演化》，採用科學社會學的觀點與方法，探索近代中國學科規訓制度的確立及其對中國科學技術發展產生的重要作用。《西方心理學的傳入與中國近現代心理學科的發展》，基於教育史專業背景，探討了心理學科在中國近代的發展歷程。《西學東漸與中國高等教育中近代學科的設立》，採用歷史學的觀點與方法，闡述清末民初近代學科的發展歷程及其對中國社會近代化產生的重要影響。《西方學科分類在中國的引入——以張之洞的「八科分學」為例》，採用哲學的觀點與方法，分析「八科分學」背後隱藏的中西思維方式的融合過程以及西方學科分類對中國傳統學術分類產生的影響。可見，研究視角涉及到科學社會學、教育學、歷史學、哲學等多學科領域。中國近代國立大學

學科研究群體中既有教育學專業的，也有歷史學、管理學、政治學、科學社會學等專業人員。從整體狀況看，多學科研究成為發展趨勢。

　　就現有研究的不足而言，人們對中國近代國立大學學科研究關注得不夠，不僅缺少學科建制與發展問題的系統全面研究成果，且學科思想研究部分重複，學科發展規律的探尋較少。涉及中國近代國立大學學科建制問題的論文，多以學科建制為研究背景或論據之一加以闡述，少以學科建制為研究主題，系統分析學科建制、演變與發展歷史。

　　在大學學科研究領域中，中國近代國立大學學科研究成果不僅有限，研究規模也較小。隨著目前中國高等教育領域學科建設熱潮，相關理論探討與日俱增。在大學學科研究中中國近代大學學科研究相當不足，尤其是中國近代國立大學學科研究極其有限，可謂熱門中的冷門研究。在中國知網中，以「題目」為檢索項，一九七九至一九八九年有四篇研究「大學學科」的論文，一九九〇至一九九九年有二十三篇，此後的研究逐漸形成規模，數量分佈見表1-1。

表1-1　大學學科研究主題劃分表

研究主題 ＼ 年份	2000年	2001年	2002年	2003年	2004年	2005年	2006年	2007年	2008年	2009年	合計
現代院校個案研究	2	5	11	7	5	8	6	3	5	7	59
國外大學學科探討	3	2	1	1	4	6	4	6	5	6	38
中國近代大學學科	0	4	1	0	0	1	0	2	1	1	10
學科理論思辨	0	1	8	11	20	19	28	25	27	36	175
學科及學科帶頭人簡介	0	0	0	3	1	7	7	11	19	0	48
總計	5	12	21	22	30	41	45	47	57	50	330

　　如表所示，有關大學學科研究論文數量從二〇〇〇年的五篇到二〇〇九年的五十篇，從少到多逐年遞增，形成一定的研究規模。如果

把大學學科研究主題劃分為五大領域，其中理論思辨類占百分之五十三，現代院校個案類占百分之十八，通訊類占百分之十四點五，國外大學學科探討類占百分之十一點五，而中國近代大學學科研究僅占總數的百分之三。當然，通過其它方式檢索中國近代大學或中國近代國立大學學科研究文獻不只是十篇，出於對同一檢索項的橫向比較，採取單一維度上的檢索結果。至少這種比較在某種程度上反映出人們對中國近代大學，尤其是近代國立大學學科研究的冷熱度以及對該研究領域的關注度。

總之，在國內近三十年來大學學科研究文獻中既有學理探究，又有實踐探索；既有國外學科介紹，又有本土學科關注；既有現代學科建設研究，又有近代學科形成研究。然而理論思辨多於實證分析，國外大學學科考察多於國內大學學科歷史探尋。少有人探尋中國近代國立大學在怎樣的背景下設置學科，學科起初的建制怎樣，又是如何演變與發展等問題。通過分析已有研究文獻及其研究特點與研究的不足，一方面確信中國近代國立大學學科建制與發展研究具有較大的研究空間。另一方面從已有研究成果中吸收有益的見解與思路，有助於在現有研究基礎上取得新的研究成果。

四　研究思路與方法

本文通過系統考察中國近代國立大學學科建制、調整與發展歷程，揭示其演變發展的特點並探索中國近代國立大學學科發展的規律。以中國傳統學科的轉型與近代大學學科體系的創建為開端，從大學學科的組織形態角度，重點考察了中國近代國立大學學科建制、改制、調整與發展歷程，並對其進行深入的理論探討。在研究內容上，主要按照歷史與邏輯順序，有效結合了綜合研究與專題研究。以晚清

西學東漸中傳統學科向近代大學學科體系的轉型為引子，綜合研究了
清末大學堂的學科建制雛形，民國初期國立大學的學科建制與系所改
制，民國中期大學設置標準的演變與國立大學的學科調整以及國立大
學大規模院系整頓與學科發展的歷史進程。之後分別以中國近代國立
大學的教育學科建制演化和代表性國立大學與私立大學的學科建制與
發展比較為專題研究，探討大學學科建制與發展的影響因素，進而對
中國近代國立大學學科建制與發展進行深入的理論探討。橫向以制度
史、活動史與個案相結合，制度層面上分析〈奏定大學堂章程〉、〈大
學令〉、〈大學組織法〉、〈大學規程〉中學科編制特點，活動層面上勾
勒出中國近代國立大學學科建制與發展演變圖，配以典型個案凸顯國
立大學學科建制與發展歷程。

　　論文共分九章：第一章緒論，闡述選題緣起及意義，界定相關概
念，綜合分析文獻資料，並說明研究思路與方法。第二章，中國近代
國立大學學科建制的思想基礎。通過分析晚清西學東漸中經、史、
子、集「四部之學」的近代轉型動因、清末大學學術分科思想的產生
與大學堂學科體系的創立，為探討中國近代國立大學學科建制，提供
必要的思想基礎與制度背景。第三章，清末大學堂的學科建制雛形。
闡述了天津中西學堂（北洋大學堂）、京師大學堂和山西大學堂的學
科體系草創過程及其特點，並探討了京師大學堂分科大學的「科—
門」建制的特色。第四章，民初國立大學的學科建制與改革。對一九
一二年〈大學令〉、〈大學規程〉中學科體系特點加以把握的同時，對
當時僅有的四所國立大學學科編制進行了比較分析，重點探析國立北
京大學和國立東南大學在新的歷史條件下學科建制改革動態，結合國
立北京大學國學門研究所和國立東南大學農科建設的個案，凸顯了這
一時期大學學科建制與大學科學研究、社會服務職能之間的聯繫。第
五章，民國中期國立大學的學科調整。圍繞大學設置標準的演變歷

程，對國立大學學科從單科、多科並設到多科恢複調整情況加以系統
闡述。結合一九二九年〈大學規程〉，分析了國立大學「院一系」建
制的特點以及國立中山大學學院制萌芽與國立中央大學學院制改革。
第六章，民國中期國立大學的學科發展。結合一九三一年後開展的大
學院系整頓的歷史事件，探討了國立大學院系整頓與人才品質的提
升、大學研究院的設立與研究職能的加強以及大學知識推廣活動與社
會服務職能的確立等問題。第七章，以教育學科門類為例，全面考察
了中國近代國立大學中教育學科建制演化，分析了國立大學教育學科
建制演化的影響因素。第八章，選擇民國時期代表性國立大學與私立
大學，比較分析其學科建制與發展的異同，進而探索辦學主體對大學
學科建制與發展產生的影響。第九章，中國近代國立大學學科發展演
變的理論探討。總結中國近代國立大學學科建制演變的特點，揭示中
國近代國立大學學科發展的規律，以史為鑒對當今中國大學學科建設
提出幾點啟示。

　　研究的重點是對中國近代國立大學的學科建制、改制、調整與發
展歷程的實證分析。研究的難點是探尋中國近代國立大學學科建制演
變的特點與中國近代國立大學學科發展的規律。本研究運用高等教育
基本理論和學科理論，以闡釋文化和探索規律相結合的研究思想為指
導，遵循史論結合、實事求是的基本原則，進行實證研究。力圖以現
實文獻為依據，避免純粹的概念思辨為基礎分析問題的傾向，期望研
究結果有助於實際問題的改善。避免不著邊際的聯想與猜測，保證研
究範圍內得出結論的相對精確性。避免浮誇事實的結論和超出自身學
識能力範圍和超越客觀史料範圍的認識結果。

　　本研究主要採用歷史研究、比較研究、統計分析和個案研究相結
合的方法：歷史研究以文獻分析為主，廣泛搜集中國近代大學學科制
度與國立大學學科建制方面的第一手資料，運用史料彙編，參照相關

論著、論文，期望在前人研究基礎上向前一步；比較研究方面，對比清末、民初、國民政府時期大學學科規定的變動情況，實踐層面上辨別中國近代國立大學之間以及國立大學與其它高等教育機構之間學科建制與發展的異同，觀念層面上比較代表性人物的大學學科思想，時間跨度上比較國立大學不同歷史時期學科建制演變歷程；統計分析方面，對大學堂章程、大學規程中學科體系的規定、國立大學的數量變化、國立大學院系變化情況、國立大學中教育學科建制等做了翔實的統計分析；個案研究涉及到京師大學堂分科大學、國立北京大學國學門研究所、國立東南大學農科、國立中山大學學院制、國立東南大學（中央大學）與私立廈門大學學科建制以及國立大學中教育學科建制研究。

　　本文在研究視角、內容和結論方面試圖有所突破。從大學學科的視角，研究中國國立大學的演變發展歷史，有助於豐富中國高等教育的近代化理論；在研究內容上，對中國近代國立大學學科建制、演變與發展歷程，做系統的實證分析，並結合綜合研究，對中國近代國立大學教育學科建制的演化和國立大學與私立大學學科發展之異同，進行專題研究；從學科發生機制、學科建制變遷、學科發展歷程入手，探討中國近代國立大學學科建制演變的特點和學科發展的規律。

第二章
中國近代國立大學學科建制的思想基礎

　　學科是知識分類的結果，是隨著知識分化而出現的產物。在中國近代社會特殊歷史背景下，學科從經、史、子、集「四部之學」轉型為相對獨立系統化的科學知識體系，按照西方的分科立學原則，大學學科體系在清末大學堂章程中得以制度化。本章通過分析晚清西學東漸中經、史、子、集「四部之學」的近代轉型動因、清末大學學術分科思想的產生以及大學堂學科體系的創立，為進一步探討中國近代國立大學學科建制，提供必要的思想認識基礎。

第一節　中國傳統學科近代轉型的動因

　　瞭解清末大學學術分科思想的產生與中國近代大學學科體系的創建，還要從中國傳統學科的轉型為切入點。漢代以來，學校教育中儒家經學處於正統地位，從而經、史、子、集「四部之學」為代表的中國傳統學科在學校知識體系中佔據重要地位。中國傳統學科的近代轉型，實質上是「四部之學」為代表的儒學知識體系向西方科學知識體系的轉變歷程。如果沒有外在強制性與內在瓦解性，很難想像這一轉型過程會如此迅猛與突兀。西學東漸是晚清社會不可逆轉的社會現實背景，也是傳統學科轉型的外因，而經世致用實學教育思潮的興起與科舉革廢是傳統學科轉型的內因。

一　中國傳統學科脈絡

「凡研究一個時代思潮，必須把前頭的時代略為認清，才能知道那來龍去脈。」[1]學科作為學問的科目門類，中國自古就有「六藝」、「五經」、「四部」之分。《論語》中記載「志於道，據於德，依於仁，游於藝。」[2]也就是說立志於學道，以德為根據，以仁為依據，而游憩於禮、樂、射、御、書、數「六藝」中。「六藝」中的禮起源於祭祀，主要指倫理政治、風俗習慣，學校所教禮有吉、凶、賓、軍、嘉五禮；樂即綜合藝術，最初表現為口頭韻語；射是射箭技術的訓練；御是駕馭戰車的技術訓練；書即文字；數即算法。「六藝」是夏、商、周時期學校教育的主要學科。「在小學階段，教學的重點是在書、數；大學階段，教學的重點在禮、樂、射、御。」[3]西周時期所設大學與小學，並沒有學制上的銜接性，也沒有培養目標上的不同，有的僅僅是教學重點和年齡的差別。據記載，小學入學年齡有十三、十五歲不等，而大學入學年齡有十五、十八、二十歲不等。大體而言十五歲之前接受小學教育，十五歲之後接受大學教育。據學者考證，「六藝」中傳承下來的有禮、樂、書，「可惜後世對於射、御、數三者只存其名，在實際教育方面則完全失傳，這在我國文化史上自然是一項重大損失。」[4]

春秋戰國時期，官學衰落，私學興起。孔子被譽為私學的創立

1　〔清〕梁啟超：《中國近三百年學術史》（北京市：人民出版社，2008年），頁2。

2　《中華典藏‧傳世文選：四書五經》（北京市：西苑出版社，2003年），頁16。

3　張惠芬、金忠明：《中國教育簡史》（上海市：華東師範大學出版社，2001年），頁40。

4　鄭公玄：〈中國主流思潮的衝激及其混融〉，收入錢穆等：《中國學術史論集（三）》（臺北市：中華文化出版事業社，1956年），頁14。

者，「『六經』從孔子始已成為儒家教育的主要經典。」[5]「六經」即
《詩經》、《尚書》、《儀禮》、《樂經》、《周易》、《春秋》。「孔門教人讀
書，首重《詩》、《書》。《詩》屬文，《書》屬史。不通文史而高論仁
道，亦非孔學正軌也。」[6]稷下學宮一百五十年的歷史見證了「百家
爭鳴」的學術繁榮景象。而秦朝「焚書坑儒」，嚴重阻礙學術文化的
發展。據說《樂經》正是在秦朝失傳，從而「六經」變成「五經」，
傳承下來的儒家經學也主要是「五經」。

　　漢武帝推行「獨尊儒術，罷黜百家」的文教政策後，儒家學說成
為中國傳統學科的主流，經學得以蓬勃發展。經學主要是研究經書的
學問，漢代後經學特指研究先秦儒家經典書籍的學問，主要形式是分
章斷句，解釋意義。由於儒家經書字體和對其解釋的不同，先後形成
了今文經學和古文經學兩個學派。今文經學發端於漢文景時期，官學
地位一直保持到東漢末年，是漢代儒生口述方式默誦秦朝遭焚毀的儒
家經典或把隱藏的經書拿出重新傳世。經書採用漢代隸書體，以微言
大義闡發孔子思想，其主流是《春秋公羊學》。先秦篆書體寫成的儒
家經書被發掘後，出現新舊不同觀點之爭，西漢中期開始民間流傳
古文經學。古文經學是篆書體寫成的經書，注重對經文本義的理解
和典章制度的闡明，其主流是《春秋穀梁傳》。

　　學派的發展從一個側面反映出經學的興盛，經學也因此成為中
國傳統學科的象徵。到了東漢年間，鄭玄通習今文經學和古文經
學，尤其以古文經學為主，注解儒家經書，對前人的經書研究作了
歸納總結，並得到儒生們的認可與讚譽，改變今文經學和古文經學
兩學派的對峙局面，使經學研究達到一個高度。從現代學科分類角

5　黃濟：《教育哲學通論》(太原市：山西教育出版社，1998年)，頁123。

6　錢穆：《學龠》(北京市：九州出版社，2010年)，頁1。

度而言，今文經學的重心是歷史哲學和政治哲學，古文經學的重心是史料學和文字學。由此判斷，經學包括了歷史學、政治學、哲學、文字學在內的人文學科成分，但「經學以古代聖賢為道德學問的頂峰，後世的任務只在於注經和實踐。在經學自身的封閉體系之內缺乏更新、分化的動力。」[7]

唐代設有律學、書學、算學、武學、醫學等專門學校，事實上它們的社會政治地位遠不如國子學、太學和四門學。學科在唐宋時期，雖發展為經學、法律、算學、醫學和武學等，但還是以經學為核心。「中國學問的主流是反對將學術分而治之……在這樣一種世風學風之下，讀書人對各種學問多兼而治之，但以經學（及其在各時代的變體）為主，離此而專治他『學』的，歷來少見，惟宋代或稍例外，曾出現治史學者與治理學者爭勝的情形。」[8]

北宋年間和明末清初，有過短暫的科學技術知識的興起。北宋功利教育思潮影響下，學校教育主張培養適用社會的人才，學子們不僅學習經學，還要廣識博通，文武兼備。至此罷黜在學術分類之外的百家學說重新進入人們的視野，學科不再是單一的經史學，還有兵法、農商、天文、輿地等方面的知識。較為代表性的事件是北宋胡瑗在湖州執教時，嘗試採用分齋教學，設置經義齋和治事齋，學生分別入兩齋，既能領會經學，又能擔當起行政、軍事、水利、算曆等工作，實現有用之才的培養任務。治事齋具體分為治民、講武、堰水、算曆等科，學生在其中任選一科為主科，加選一科為副科。「他將民、兵、農、算等應用學科正式納入正規學校中，與經義齋處於同等地位，從

---

7 樊洪業：〈從科舉到科學：中國本世紀初的教育革命〉，《自然辯證法通訊》1998年第1期（1998年），頁46。

8 羅志田：〈西學衝擊下近代中國學術分科的演變〉，《社會科學研究》2003年第1期（2003年），頁108。

而改變了以儒經為主要教育內容的單一教學制度。」[9]但由於儒家經學重人文，輕技術傳統的深遠影響，科學技術知識未能動搖經學在中國傳統學科體系中的核心地位。

　　相較於北宋年間本土自然科學技術知識的傳播，明末清初西學東漸帶來的卻是異國自然科學技術知識的傳入。此次西學東漸源自歐洲宗教改革，隨著以教育與傳教為主要任務的耶穌會的成立，開展了向中國和美洲的傳教事業，「於是利瑪竇、龐迪我、熊三拔、龍華民、鄧玉函、陽瑪諾、羅雅谷、艾儒略、湯若望等，自萬曆末年至天啟、崇禎間先後入中國。」[10]隨著耶穌會傳教士在中國開展傳教事業，西方學科也得以傳播。明末西方學科的傳入「以天文學為主，數學次之，物理學又次之，而其餘則附庸焉。其在我國建設最大者為天文學，與清代學術團體關係最深者，天文學與數學惟均。」[11]據不完全統計，明清之際譯介西書四百多部，其中與高等教育相關的有《西學凡》和《職方外紀》。隨著《西學凡》的譯介，耶穌會高等學校文、理、醫、法、教、道科等「西學六科」傳入中國，見表2-1。

9　張惠芬、金忠明：《中國教育簡史》（上海市：華東師範大學出版社，2001年），頁281。

10　〔清〕梁啟超：《中國近三百年學術史》（北京市：人民出版社，2008年），頁9。

11　包遵彭、李定一、吳相湘：《中國近代史論叢・第一輯：中西文化交流》第2冊（臺北市：正中書局，1956年），頁1。

表2-1 「西學六科」的具體內容[12]

拉丁文原文	中文音譯	意譯	學科內容
Rhetorica	勒鐸	文科	語文（含語法、修辭、閱讀、寫作等）、歷史、算術、音樂等
Philosophia	斐錄所費亞	理科	邏輯學、自然哲學（含物理、天文學等）、形而上學（亞里士多德哲學）、數學、倫理學等
Medicina	默第濟那	醫科	醫學
Leges	勒義斯	法科	法學
Canones	加諾弱斯	教科	天主教教規學
Theologia	陡祿日亞	道科	天主教神學原理

　　在科舉一統天下的時代，「西學六科」為主要代表的西方大學學科體系，絕不可能影響到國子監、書院的教學體系。「學而優則仕」為教育目的的中國古代，高等學校的主要任務還是培養可供選拔的各級行政官吏。科舉考試作為文官選拔制度，必然影響學校教育的主要方向，學問的範圍不可能超越科舉考試科目的範圍。而此時的科舉考試沒有把科學技術知識列為學業科目之一，經學的地位仍舊神聖不可侵犯，從而使西方學科的影響僅限於少數文人志士的範圍中。由於羅馬教廷干涉中國內政，一七五七年乾隆帝宣佈閉關，中斷了西學的進一步滲透。

　　「中國封建社會強大的政治權力發展了嚴密的知識生產控制機制，致使知識的發展只能在國學──儒學的框架內以複製的方式演化

---

12 蕭朗：〈明清之際西方大學學科體系的傳入及其影響〉，《浙江大學學報（人文社會科學版）》2009年第1期（2009年），頁181。

出經、史、子、集的基本結構，而不能產生知識的學科分化。」[13]以典籍文獻體裁為分類標準的經、史、子、集「四部之學」在學科發展史上影響深遠。

　　經、史、子、集「四部之學」的源頭可以追述到西晉，「西晉荀勖編撰的《中經新簿》開創了後世『四分法』的先河。」[14]荀勖的四分法把古代典籍文獻分為甲、乙、丙、丁四部：甲部，紀六藝及小學等書；乙部，諸子百家，近世子家、兵書、兵家、術數；丙部，史記、舊事、皇覽簿、雜事；丁部，詩賦、圖贊、汲冢書。宋元時期，四分法正式採用經、史、子、集的稱謂，「馬端臨，宋元之際的史學家，他在《文獻通考・經籍考》中，將中國歷代文獻分為經、史、子、集四類。」[15]清朝乾隆年間編的《四庫全書總目》就是按照經、史、子、集四部排列，下設四十四類目，具體分類見表2-2。

表2-2　紀昀《四庫全書總目提要》分類表

部次	類目	子目
經部	易類 書類 詩類 禮類 春秋類 孝經類 五經總義類 四書類	周禮儀禮禮記三禮通義通禮雜禮書

13　茹寧：《大學的政治邏輯——大學與國家關係的哲學分析》（哈爾濱市：黑龍江人民出版社，2008年），頁165。

14　丁雅嫻：《學科分類研究與應用》（北京市：中國標準出版社，1994年），頁22。

15　黃濟：《教育哲學通論》（太原市：山西教育出版社，1998年），頁124。

部次	類目	子目
	樂類	
	小學類	
		訓詁字書韻書
史部	正史類	
	編年類	
	紀事本末類	
	別史類	
	雜史類	
	詔令奏議類	詔令奏議
	傳記類	聖賢名人總錄雜錄別錄
	史抄類	
	載記類	
	時令類	
	地理類	宮殿疏總志都會郡縣河渠邊防山川古跡雜記遊記外記
	職官類	
	政書類	官制官箴
	目錄類	通制典禮邦記軍政法令營建
	史評類	經籍金石
子部	儒家類	
	兵家類	
	法家類	
	農家類	
	醫家類	
	天文算法類	推步算書
	術數類	數學占候相宅相墓占卜命書相書陰陽五行雜技術
	藝術類	書畫琴譜篆刻雜技
	譜錄類	器用食譜草木蟲魚雜物
	雜家類	雜學雜考雜說雜品雜纂雜編
	類書類	

部次	類目	子目
	小說家累 釋家類 道家類	雜事異聞瑣語
集部	楚辭類 別集類 總集類 詩文評類 詞曲類	 詞集詞選詞話詞譜詞韻南北曲

資料來源：左玉河：《從四部之學到七科之學：學術分科與近代中國知識系統之創
　　　　　建》（上海市：上海書店出版社，2004年），頁67。

　　如表所示，經部包括四書五經為主的儒家經典；史部包括歷史、
地理、政治、法律、天文和氣象學；子部包括百家學說；集部包括詩
歌文學。具體而言，「經部含有哲學、文學、史學、語言文字學、藝
術諸書；史部除了史學外，涉及地理學、天文學、氣象學等；子部大
致相當於哲學及科技兩大門類；集部除了包括文學外，還兼含經、
史、子等方面內容。」[16]

　　從西方學科分類視角分析，黃濟教授對比培根的知識分類法，認
為「經部相當於神學，史部相當於歷史學，子部相當於哲學，集部相
當於詩學。」[17]英國哲學家法蘭西斯・培根是依據人類的認知能力把
學科分為三大類：歷史、詩歌和哲學。歷史對應人的記憶能力，詩歌
對應人的想像能力，哲學對應人的判斷能力。對比培根的學科分類，
經、史、子、集中必然多出一部分，即經部的學科對應問題。把經學

---

16 左玉河：《從四部之學到七科之學：學術分科與近代中國知識系統之創建》（上海市：
　　上海書店出版社，2004年），頁310-311。

17 黃濟：《教育哲學通論》（太原市：山西教育出版社，1998年），頁124。

等同於神學的觀點不是沒有根據，蔡元培先生就秉持這樣的觀點，「民國元年，始並經科與文科，與德之新大學不設神學科相類。」[18]依此類推，因我們參照的西方學科分類法不同，自然可以分析出經、史、子、集的多種學科對應表。但不論怎樣分析，經、史、子、集「四部之學」更多偏重文學、史學和哲學等人文學科，而較少涉獵社會科學與自然科學。

　　不同於西方近代科學探索自然界客觀事物的發展規律，中國傳統學科探討的是倫理、道德和政治問題。相較於人與自然的關係，更多關注人與社會的關係。中國社會歷來強調政教一體，中國傳統學科也必然圍繞國家政治運動形成和發展，從而導致對人與自然的關係和自然界客觀事物發展規律的探尋極其有限，物質運動的研究遠不及對人自身的研究。「這種重人事輕技巧、重道輕器的傳統造成中國古代高等教育中人文學科高度發達，自然科學備受冷落……數學、天文學、醫學在講求『天人合一』的中國古代還是由於與『人事』有一定的關係，才受到統治者某種程度的扶植，而與『人事』沒有多大關係的物理、化學、生物、地質等學科，則更為社會所忽視了。」[19]正因如此，中國傳統文化的人文主義傾向，導致學科脈絡主要集中於人文學科領域，人們對個人道德修養的重視程度遠遠高於對客觀世界的探索需求，社會科學和自然科學學科即使有萌芽也不能演進為中國近代科學。

　　即便到了維新運動時期，洋務派主張「中體西用」思想，學習西文、西藝、西政的時期，學校教育中仍一再堅持「四部之學」的正統地位，「今日學者，必先通經以明我中國先聖先師立教之旨，考史以

---

18 〈北京大學二十週年紀念會之蔡校長元培之演說詞〉，吳相湘、劉紹唐：《國立北京大學紀念刊第一冊（民國六年廿週年紀念冊上）》（臺北市：傳記文學出版社，1971年），頁30。

19 劉海峰：〈傳統文化與中國古代高等教育特點〉，《機械工業高教研究》1994年第4期（1994年），頁10。

識我中國歷代之治亂、九州之風土，涉獵子、集以通我中國之學術文章，然後擇西學之可以補吾闕者用之、西政之可以起吾疾者取之，斯有其益而無其害。」[20]這一點足以證明，經、史、子、集「四部之學」為代表的傳統學科在學校教育中的正統地位。

二　中國傳統學科轉型的內外因分析

明末清初，外來西方學科的傳播，沒有改變科舉考試指揮棒下儒家經學為核心的中國傳統學科的正統地位，學校學科還是按照經、史、子、集「四部之學」的基本結構和框架繼續運行。事實證明，如此強大的慣性僅靠少數人的影響或單一外來因素是不可改變的，只有在內外因的共同作用下，才會出現傳統學科的轉型。在中國近代社會特殊歷史背景下，教育變革朝著兩個方向演變，即新教育的興起與舊教育的衰敗。新教育的興起為西方科學在學校教育中的傳播提供了條件，而舊教育的衰敗帶動的科舉革廢，為西方科學佔領學科領地提供了良好時機。

（一）外因：西學東漸與西書譯介

通常把近代西方學術思想向中國傳播的歷史過程簡稱西學東漸。作為歷史學名詞，西學東漸具體指明末清初和清末民初，歐美為代表的西方國家學術思想的傳入過程。第一次西學東漸以自由方式開始，強制方式結束，而第二次西學東漸卻伴隨著西方的堅船利炮，以強制方式拉開序幕。自成一體的儒家文化不可迴避地納入到全球近代文化潮流中，中西文化之間產生了激烈碰撞。文化衝突中人們反思儒家經學的弊端，開始接觸和吸收西方科學。

---

20 〔清〕張之洞，李鳳仙評注：《勸學篇》（北京市：華夏出版社，2002年），頁59-60。

　　一五四三年哥白尼《天體運行論》的發表為標誌，產生了近代科學。作為科學分化的產物，近代學科以天文學為標誌，諸多科學領域逐漸形成為一門門具有獨立地位的學科。近代科學在中國的傳播，首先要通過語言關。《中國近代教育大事記》中記載，一八四三年英國倫敦會麥都思傳教士在上海成立的墨海書館是外國人在華最早用鉛印設備的翻譯出版機構。該書館在一八五三年出版偉烈亞力的《數學啟蒙》二卷，介紹西洋算術、代數知識。一八五五年刊行合信的《博物新編》，介紹西洋氣象學、物理學、化學、天文學、動物學知識。「一八四五年美國長老會在寧波創辦印刷所美華書館。傳教士早期編譯的教科書如《代數備旨》、《形學備旨》、《八線備旨》、《代形合參》等，均由美華書館出版。」[21]

　　最早翻譯和傳入中國的西方學科是天文學，到洋務學堂建立前傳入中國的近代學科主要集中在人體解剖學、數學、化學、植物學、物理學等自然科學領域，見表2-3。

表2-3　清末譯介西方學科的著作一覽表

學科	代表作	出版人	時間（年）	備註
天文學	《天文略論》	（英）合信	1849	介紹了十九世紀四〇年代以前西方天文學成就
人體解剖學	《全體新論》	（英）合信	1851	中國近代第一部系統介紹西方人體解剖學著作
數學	《算法全書》	（英）蒙克利	1852	第一部在中國境內出版的用西方數學體系編成的數學教科書

---

21 陳學恂：《中國近代教育大事記》（上海市：上海教育出版社，1981年），頁4。

學科	代表作	出版人	時間（年）	備註
化學	《博物新編》	（英）合信	1855	最早對近代西方化學進行介紹
植物學	《植物學基礎》	韋廉臣、艾約翰與李善蘭合作翻譯	1859	近代第一部介紹西方近代植物學的著作

資料來源：據左玉河：《從四部之學到七科之學：學術分科與近代中國知識系統之創建》（上海市：上海書店出版社，2004年），頁205-230整理。

　　洋務學堂的建立，尤其是同文館、方言館等「以譯書為要務」的新式學堂的建立加快了西書譯介的速度。「南海馮焌光於同治之季官上海道時，創設方言館，譯西書數十種，是為中國知西學之始。」[22] 京師同文館在總教習丁韙良帶領下，各學教習和學生共同自譯的西書多達二十多部，涵括了法律、歷史、天文學、數學、物理學、化學、醫學等諸多學科領域：

　　　　萬國公法（總教習丁韙良譯）
　　　　格物入門（總教習丁韙良譯）
　　　　化學指南（化學教習畢利干譯）
　　　　法國律例（化學教習畢利干譯）
　　　　星軺指南（副教習聯芳、慶常譯，總教習丁韙良鑒定）
　　　　公法便覽（副教習汪鳳藻、鳳儀等譯，總教習丁韙良鑒定）
　　　　英文舉偶（副教習汪鳳藻譯，總教習丁韙良鑒定）
　　　　富國策（副教習汪鳳藻譯，總教習丁韙良鑒定）

22　〔清〕張之洞，李鳳仙評注：《勸學篇》（北京市：華夏出版社，2002年，頁101）。

各國史略（學生秀長、楊樞譯，未完）

化學闡原（化學教習畢利干譯，副教習承霖、王鍾祥助譯）

格物測算（總教習丁韙良口授，副教習席淦、貴榮、胡玉麟等筆述）

全體通考（醫學教習德貞譯）

（戊寅）中西合曆（天文教習海靈敦算輯，學生熙璋等譯）

（己卯、庚辰）中西合曆（天文教習海靈敦、費理飭算輯，學生熙璋等譯）

（辛巳、壬午、癸未、甲申、乙酉、丙戌、丁亥、戊子、己丑、庚寅、辛卯、壬辰、癸巳、甲午、乙未、丙申、丁酉、戊戌）中西合曆（天文教習駱三畏算輯，副教習熙璋譯）

公法會通（總教習丁韙良譯，副教習聯芳、慶常等助譯）

算學課藝（副教習席淦、貴榮編輯，算學教習李善蘭鑒定）

中國古世公法論略（總教習丁韙良著，副教習汪鳳藻譯）

星學發軔（副教習熙璋、左庚等譯，天文教習駱三畏鑒定）

新加坡刑律（副教習汪鳳藻譯，待刊，總教習丁韙良鑒定）

同文津梁（總教習丁韙良鑒定）

漢法字彙（化學教習畢利幹著）

電理測微（總教習歐禮斐著，待刊）

坤象究原（副教習文祐譯。總教習歐禮斐鑒定，待刊）

藥材通考（醫學教習德貞著）

弧三角闡微（總教習歐禮斐著）

分化津梁（化學教習施德明口譯，纂修官化學副教習王鍾祥筆述）[23]

23　〈同文館題名錄〉（光緒二十四年（1898）），收入朱有瓛：《中國近代學制史料·第一輯》上冊（上海市：華東師範大學出版社，1983年），頁153-154。

江南製造局在西書譯著方面的成就也不凡，「傅蘭雅在上海江南製造局當過二十八年（1868-1896）翻譯。他一生翻譯了一二九篇譯文，其中有五十七篇自然科學，四十八篇應用科學，十四篇陸、海軍科學，十篇歷史和社會科學。」[24]

　　在西書譯介方面，西方傳教士、洋務學堂師生和清末遊學人員起到至關重要的作用。如果說早期西方科學的傳入離不開傳教士的作用，後期在西書譯介方面洋務學堂師生的作用則尤為突出，而西方社會科學的傳入與遊學人員的作用密不可分。因為隨著翻譯日本學者的著作，社會科學分類也逐漸傳入中國。「到二十世紀初，西方近代社會科學各學術門類，如政治學、法學、經濟學、哲學、邏輯學、美學、倫理學、社會學、人類學、教育學、地理學等，通過翻譯日書已經引入中國，並很快為中國學界所接受。」[25]

　　一開始西學的輸入是緩慢的，其發展進程也不是勻速的，以至於此時的西方學科對晚清學人的影響是表面的，不會觸及到儒學知識系統。「這個世紀中葉以後，當西學在日本迅速成為全民族注意的中心之際，它在中國卻於數十年中被限制在通商口岸範圍之內和數量有限的辦理所謂『洋務』的官員之中。」[26]廣州作為通商口岸對西學的接受和學習要比內陸地區佔有優勢，然而據《劍橋中國晚清史》記載，十九世紀八〇年代後期，梁啟超在廣州的兩所書院學習，不論在哪所書院，他都未發現西方學科的影響，書院課程中儒家學說占統治地

---

24 〔美〕費正清等撰，中國社會科學院歷史研究所編譯室譯：《劍橋中國晚清史（1800-1911）》（北京市：中國社會科學出版社，1985年），上卷，頁563。

25 左玉河：《從四部之學到七科之學：學術分科與近代中國知識系統之創建》（上海市：上海書店出版社，2004年），頁278。

26 〔美〕費正清等撰，中國社會科學院歷史研究所編譯室譯：《劍橋中國晚清史（1800-1911）》（北京市：中國社會科學出版社，1985年），卷下，頁272。

位。如果當時的廣州都如此，那麼整個中國的情況可想而知。這也證
明洋務運動時期除了新式學堂之外，西方學科的影響並不明顯。即便
在新式學堂中，西方學科主要還是集中於西方語言文字和科學技術層
面。因此，西書譯介沒有根本上改變士階層的知識價值觀，西方學科
未能觸及他們的精神世界，他們還是熱衷於儒家經典學說，忠誠於清
朝統治，堅信於君主專制，「而近代學術分科的觀念、方法和原則，
便在西書翻譯的過程中逐漸傳入中國並為中國學人所認識、所接
受。」[27]

（二）內因：經世思潮與科舉革廢

　　晚清社會危機中經世致用實學教育思潮再度興起。隨著統治集團
的腐敗、國家財政的困難，人民負擔的加重，社會矛盾越發激化，終
將興起教育改革思潮。「經世思潮可以說是道光以後清代學術發展的
政治與社會背景，是學術由舊趨新的重要動力。」[28]經世致用即治理
世事，盡其所用，其立場是「救時」為尚。該思潮在教育上的表現
是批判明清科舉制流弊，反對學術研究的空洞與無用，主張研究社
會當前現實問題，要求學問必須有益於國事，要求學校教育要培養
出真才實學的有用之才。其重要特徵之一是擴大研究範圍，使學科
門類超出經學範圍，可以涉及社會的政治、經濟、法律、風俗、教
育以及自然科學等廣泛的領域。「清末自強維新以至革命學說的產生
與發展，實為我國經世之學空前的大革命。」[29]可以說經世致用教育

---

27 蕭朗：〈中國近代大學學科體系的形成——從「四部之學」到「七科之學」的轉型〉，
　　《高等教育研究》2001年第11期（2001年），頁100。
28 張國剛、喬治忠：《中國學術史》（上海市：東方出版中心，2006年），頁548。
29 柳克述：〈國父的科學思想與中國經世之學的大變革〉，收入錢穆等：《中國學術史
　　論集（三）》（臺北市：中華文化出版事業社，1956年），〈本篇〉，頁2。

改革思潮，為西方學科的傳播打開通道，為中國傳統學科的轉型提供了可能性。

「從科舉教育走向科學教育的新陳代謝，是一場從傳統走向現代的教育革命，」[30]也是傳統學科轉型的分水嶺。科舉革廢體現的是中學與西學之間的平衡與考量。早在一八四一年「兩廣總督建議『變通考選之制，如文試第三場策問五道，請定為五門發題，曰博通史鑒、曰精熟韜鈐、曰洞知陰陽占候、曰熟諳輿圖情形』等，提議以製器通算等實用知識列入科試。」[31]韜鈐即古代兵書《六韜》、《玉鈐篇》的並稱，泛指兵書；陰陽占候相當於天文曆算；輿圖情形相當於地理學知識。從其變通方法看，主要改革科舉考試內容，除了傳統考試科目外，建議考覈相關歷史、兵法、天文、地理以及科學技術方面的內容。兩廣總督的科舉變革建議中已看到近代科學的影響，說明西方學科開始進入科舉視野中。

一八七五年禮部奏請科舉考試特開算學一科，之後請開藝學科、經濟專科等，西學的影響滲透到延續千年的科舉制度中。一八九七年，貴州學政嚴復奏請設立經濟特科，意在變通科舉，打破八股取士的常規，選拔洞達中外時務、能通經濟變、擅長算學、律學、格致、製造的實用人才。維新變法時期，康有為、梁啟超等人宣導改科舉，廢八股。「今學校未成，科舉之法，未能驟廢，則莫先於廢棄八股矣……從此內講中國文學，以研經義國聞掌故名物，則為有用之才；外求各國科學，以研工藝物理政教法律，則為通方之學。」[32]並提議

30　樊洪業：〈從科舉到科學：中國本世紀初的教育革命〉，《自然辯證法通訊》1998年第1期（1998年），頁40。

31　陳學恂：《中國近代教育大事記》（上海市：上海教育出版社，1981年），頁1。

32　〔清〕康有為：〈請廢八股試貼楷法試士改用策論折〉（光緒二十四年（1898）），收入璩鑫奎、童富勇：《中國近代教育史資料彙編‧教育思想》（上海市：上海教育出版社，2007年），頁144。

多難之時，不必拘泥於無用之學，興辦學校，教授科學，科舉考試改
試策論，以期「明中通外」。梁啟超同樣堅持「停止八股貼試，推行
經濟六科」。一八九八年準備設立的經濟六科，包括內政、外交、理
財、經武、格物和考工。「廢止八股文，採用與社會實際有關的問題
為考試題目，這是清末科舉制度方面的重大變動。」[33]一九〇一年八
月二十七日，清廷正式出臺〈著自明年為始科舉考試廢除八股程序諭
旨〉。「為了應對科舉，答好時務策論，考生雖仍須讀傳統經史之學，
但更需要掌握大量的西方歷史、地理、政治、法律乃至算學等自然科
學知識。」[34]科舉考試內容的異化，已開始動搖傳統經學教育地位，
學堂之外的學子為了應對科舉考試也不得不掌握一些西方的科學知識。

　　科舉變革、學堂興辦，直接影響到傳統學科在學校教育中的統領
地位。清末興學堂的意願逐步折射出科舉的命運，雖然二者不是矛盾
體，但其利益相關性導致了一興一廢的局面。正如張之洞在《勸學
篇》中提到的「夫學堂雖立，無進身之階，人不樂為也，其來者必白
屋鈍士，資稟凡下，不能為時文者也。其世族俊才皆仍志於科舉而
已。」[35]這從一個側面反映出科舉與學堂之間在生源上的競爭性，科
舉制某種程度上阻礙了近代新式學堂的興起。從而要想興辦學堂，科
舉制不得不變革。此時科舉非昔日之科舉，民間對其熱衷程度並不能
阻擋官方對其變革的意願。一九〇五年九月廢止科舉考試制度，「廢
科舉後，新式高等教育課程的設置和學術轉型，較系統廣泛地傳授了
自然科學知識、社會科學知識和研究方法，使科學教育走向正規

---

33 劉海峰：《科舉學導論》（武漢市：華中師範大學出版社，2005年），頁108。

34 張亞群：〈廢科舉與學術轉型——論清末科學教育的發展〉，《東南學術》2005年第4
　　期（2005年），頁50。

35 〔清〕張之洞撰，李鳳仙評注：《勸學篇》（北京市：華夏出版社，2002年），頁114。

化。」[36]學校教育中科學教育的正規化，意味著學子與儒家經學教育為核心的價值觀開始決裂，傳統學科注定要翻開新的一頁。

　　學校教育以廢科舉為契機，科學教育得以興盛，儒家經學為核心的傳統學科無法捍衛自身的統治地位。傳統學科的近代轉型離不開科舉革廢，若從西學影響的根源上看，還與全世界範圍內科學主義的興盛有關。西學的影響，尤其是歐洲各國興起的科學主義教育思潮的直接影響下，「四部之學」被科學替代，投射到教育思想領域，反映了科學主義對人文主義的挑戰與勝利。因為，「四部之學」作為中國傳統學科的代表，它不能擺脫中國傳統文化的人文性特徵。隨著科學成為探索真理、控制自然界的有效途徑，科學一躍成為社會發展的決定力量和社會進步的標誌。全世界範圍內從十九世紀下半期一直到二十世紀上半期，科學主義在各個領域佔據主要地位，到了二十世紀初期科學主義教育盛行起來，教育中人文主義受到冷落。

　　傳統學科的近代轉型從洋務運動興辦新式學堂為開端，經過維新運動的思想轉變，最後通過廢科舉，真正意義上開始了「四部之學」向近代學科的轉型。從西書譯介到新式學堂的開辦，從洋務派與頑固派之爭以及維新派與洋務派之爭，西文、西藝與西政逐漸被國人接受。這從一個側面反映出人們對傳統學科的重新定位問題，科學教育在培養社會所需人才方面發揮越來越重要的作用，從而滲透於中國傳統知識體系中。近代中國社會驟變導致文化教育領域從中學倒向西學的局面，容不得人們靜下心來認真思考二者的利弊，經、史、子、集「四部之學」為核心的傳統學科快速融解在西方學科體系中。

---

36 張亞群：《科舉革廢與近代中國高等教育的轉型》（武漢市：華中師範大學出版社，
　　2005年），頁150。

第二節　清末大學的學術分科思想

　　受到晚清西學東漸與科舉革廢的影響，經、史、子、集「四部之學」開始被西方科學知識體系取代。從盛宣懷、孫家鼐的「專門學」劃分到梁啟超的「普通學」、「專門學」之分，大學學術分科思想開始產生。隨著〈欽定京師大學堂章程〉的七科設想與〈奏定大學堂章程〉的「八科分學」，中國近代大學學科體系按照西方的分科立學原則在大學堂章程中得以制度化，究其思想來源與清末學人對西方學科價值的認可與對中國傳統學科加以保護的意識密切關聯。大學的「八科分學」思想為清末大學堂學科建制提供了基本政策指導。

一　「專門學」一詞的出現

　　晚清學者對西方大學學科有初步的認識。曾任同文館天文算學總教習的李善蘭在〈泰西學校論略序〉中記錄，泰西學校「文則有仕學院，武則有武學院，農則有農政院，工則有技藝院，商則有通商院，四民之業，無不有學也。其它欲為師，則有師範院，欲傳教，則有宣道院。又如實學院，格物院，船政院，丹青院，律樂院，凡有一事，必有一專學以教之，雖欲不精，不可得矣。」[37]他以中國傳統社會士、農、工、商階層劃分，分析國外大學在培養社會各階層人才方面的具體做法，在其有限的認識中，國外大學學科設置早已超出中國社會階層劃分的界限，而不論設置什麼樣的高等教育機構，有一個共同的特徵是「必有一專學以教之」。

　　大學堂章程中最早使用「專門學」一詞，出現在一八九五年盛宣

---

37 李善蘭：〈泰西學校論略序〉（同治十二年（1873）），收入朱有瓛：《中國近代學制史料・第二輯》上冊（上海市：華東師範大學出版社，1987年），頁2。

懷擬定的〈擬設天津中西學堂章程稟〉中，這也是中國近代國立大學學科設置的開端。「專門學是清末對專業學科的統稱。」[38]盛宣懷將「專門學」列為頭等學堂（相當於大學本科）的教育內容，成為中國近代大學分科思想的萌芽，具有開拓創新之意。「頭等學堂第一年功課告竣後，或欲將四年所定功課全行學習，或欲專習一門。專門學分為五門：一、工程學（專教演習工程機器，測量地學，重學，汽水學，材料性質學，橋樑房頂學，開洞挖地學，水力機器學）；二、電學（深究電理學，講究用電機理，傳電力學，電報並德律風學，電房演試）；三、礦務學（深奧金石學，化學，礦務房演試，測量礦苗，礦務略兼機器工程學）；四、機器學（深奧重學，材料勢力學，機器，汽水機器，繪機器圖，機器房演試）；五、律例學（大清律例，各國通商條約，萬國公法等）。」[39]

從工程學、電學、礦務學、機器學和律例學等專門學看，大學學問已經具有特定研究對象的區分，幾乎看不到任何師門派別的痕跡。從學科門類角度而言，工程學、電學、礦務學、機器學屬於典型的工科門類，律例學屬於法律學科門類。由此可見，天津中西學堂頭等學堂學科門類以工科為主，法科為輔，且自然科學學科已經名正言順地進入分科大學中，在專門學中佔據重要地位。

天津中西學堂頭等學堂是中國分科大學的雛形，頭等學堂第一年功課不涉及專門學，只開設幾何學、三角勾股學、格物學、筆繪學、各國史鑒、作英文論、翻譯英文。這些科目是其二十八種普通學中的

38　《教育大辭典・中國近現代教育史》（上海市：上海教育出版社，1991年），卷10，頁325-326。

39　盛宣懷：〈擬設天津中西學堂章程稟（附章程、功課）〉，收入舒新城：《中國近代教育史資料・上》（北京市：人民教育出版社，1981年），頁137-139。

一部分。所謂「普通學：清末對基礎學科的統稱，」[40]準確來說，這裏的基礎學科是針對專業學科而言的普通教育階段的基本教學科目，嚴格意義上還不屬於大學的專業教育。頭等學堂第一年功課結束後才可進入專門學學習階段，學生可以四年功課全行學習或專習一門專門學。

中國近代分科大學開創之時，明確提出專門學。在學科層次上，普通學是根基，專門學是提升。在學科類型上，此時的專門學均屬於應用學科範疇，其目的是為社會政治需要服務。律例學、工程學、電學、礦務學和機器學的設置與當時清廷急需的發展工業的工科人才與處理外交事務的法律人才的需求密切相關。

二　孫家鼐與梁啟超的大學分科思想

孫家鼐堅持「學問宜分科也。京外同文方言館，西師所教亦有算學格致諸端，徒以志趣太卑，淺嘗輒止，歷年雖久，成效甚稀，不立專門，終無心得。」[41]時任工部尚書的孫家鼐於一八九六年受命籌建清廷出版機構，其中包括一個圖書館，一個印刷廠和一所學堂，從而對學問分科問題有切身體會。他充分肯定了大學堂設置「專門學」的價值，並建議基於分科立學原則設立專門學。

孫家鼐圍繞京師大學堂學科設置問題，擬設的專門學包括道德科、天文科、地理科、政事科、文學科、武備科、農事科、工藝科、

---

40 教育大辭典：《中國近現代教育史》（上海市：上海教育出版社，1991年），卷10，頁326。

41 〈工部尚書孫家鼐奏陳遵籌京師建立學堂情形折〉（光緒二十二年八月二十一日（1896年9月27日）），收入北京大學、中國第一歷史檔案館：《京師大學堂檔案選編》（北京市：北京大學出版社，2001年），頁10。

商務科和醫術科等十大學科門類。具體而論，道德科附有各教源流，
天文科附有算學，地理科附有礦學，政事科附有西方政治及律例，文
學科附有各國語言文字，武備科附有水師，農事科附有種植水利，工
藝科附有製造格致各學，商務科附有輪舟鐵路電報，醫術科附有地產
植物各化學。上述學科門類在重要性上有所側重，「尤以道德為先，
實貫徹於九科之中而不可一日離，九科中專精一事而又道德深純者是
為才德兼全可資大用，否則才勝於德只可小知。又中學惟道德一途最
為純備，文學尚稱博雅，此外各科皆以西學之專精補中學之疏漏，凡
算學、化學及一切格致、律例、兵法、文字諸學均分附於十科之
中。」[42]可見，孫家鼐的專門學設想中，道德科和文學科中保留了中
國傳統學科成分，其餘八科均以西方學科為主，試圖以西方學科的優
勢彌補中國傳統學科的缺漏。

　　相對而言，孫家鼐的十科設想，試圖實現大學堂學科體系的完整
化，不僅文武兼備，還有基礎學科與專業學科的配套。不僅涵括了人
文學科、社會科學和自然科學以及軍事學在內的諸多學科門類，而且
在學科門類的排列中充分體現了「中學為主，西學為輔，中學為體，
西學為用」的基本宗旨。這裏所說的「中學」是指中國傳統學問，經
史之學，其核心是孔孟之道和儒家倫理道德學說，「西學」是指西方
的文化科學技術知識，包括西文（語言文學）、西藝（科技知識：
算、繪、化、聲、光、電、醫、礦）和西政（學校、度支、賦稅、武
備、律例、通商等制度）。「中學為主，西學為輔，中學為體，西學為
用」宗旨的實質是用西學鞏固傳統封建主義政治文化的核心地位，歸
根到底是維護清朝統治。

---

42 〈工部尚書孫家鼐奏陳遵籌京師建立學堂情形折〉（光緒二十二年八月二十一日
　　（1896年9月27日）），收入北京大學、中國第一歷史檔案館：《京師大學堂檔案選
　　編》（北京市：北京大學出版社，2001年），頁10。

　　一八九八年七月二日，梁啟超參考日本和西方國家學制起草的〈大學堂章程〉，將「專門學」與「普通學」從概念屬性上加以明確劃分，在前人基礎上進一步明晰了「專門學」的含義。「西國學堂所讀之書皆分兩類：一曰普通學，二曰專門學。普通學者，凡學生皆當通習者也。專門學者，每人各占一門者也。」[43]梁啟超提出的普通學，具體包括經學、理學、中外掌故學、諸子學、初級算學、初級格致學、初級政治學、初級地理學、文學、體操學等十門。在英國語言文字學、法國語言文字學、俄國語言文字學、德國語言文字學、日本語言文字學中學生可以選習一門充當普通學。學習完普通學後，學生可以在高等算學、高等格致學、高等政治學（法律學歸此門）、高等地理學（測繪學歸此門）、農學、礦學、工程學、商學、兵學、衛生學（醫學歸此門）等十種專門學中選習一門或兩門。隨著「專門學」與「普通學」的界定，大學堂學科設置不僅有明顯的分科立學特徵，且選科思想的明確，為大學學科朝著專門化方向發展奠定了基礎。

　　對比孫家鼐與梁啟超有關「專門學」的設想，二者在把中國傳統知識體系劃分為專門與否上有明顯的分歧。相較於孫家鼐把道德科和文學科列入專門學不同，梁啟超把經學、理學、諸子學、文學列入普通學，未列入專門學範疇。從中瞭解到二者重視「中學」的程度以及對待中、西學的基本態度。

　　孫家鼐堅持將西方知識系統融合到中國傳統知識系統的設想與決心：「今京師創立大學堂，自應以中學為主，西學為輔；中學為體，西學為用；中學為經，西學為緯；中學有未備者，以西學補之，中學有失傳者，以西學還之。以中學包羅西學，不能以西學凌駕中學，此

43　〈大學堂章程，光緒二十二年五月十四日（1898年7月2日）〉，收入北京大學、中國第一歷史檔案館：《京師大學堂檔案選編》（北京市：北京大學出版社，2001），頁29。

立學宗旨也。日後分科設教，及推廣各省，一切均應抱定此意，千變萬化，語不離宗。」[44]

　　相較於孫家鼐「中學包羅西學」的看法，梁啟超明顯地表露出平均主義的「中西並重」思想：「考東西各國，無論何等學校，斷未有盡舍本國之學而徒講他國之學者，亦未有絕不通本國之學而能通他國之學者。中國學人之大弊，治中學者則絕口不言西學，治西學者亦絕口不言中學；此二學所以終不能合，徒互相詬病，若水火不相入也。夫中學體也，西學用也，二者相需，缺一不可，體用不備，安能成才。且既不講義理，絕無根底，則浮慕西學，必無心得，只增習氣……今力矯流弊，標舉兩義：一曰中西並重，觀其會通，無得偏廢；二曰以西文為學堂之一門，不以西文為學堂之全體，以西文為西學發凡，不以西文為西學究竟。」[45]雖然梁啟超也明確了「中學為體，西學為用」的思想，但從其有關大學堂授課時間和教員的任用規定看，一貫地提倡中西並重，甚至表現出一種中西平均主義思想。如「今擬凡肄業者，每日必以六小時在講堂，其在講堂督課之六小時，讀中文書西文書時刻各半……設普通學分教習十人，皆華人。專門學十種分教習各一人，皆用歐美洲人。」[46]

　　維新運動時期梁啟超的思想還是比較激進的，不僅否定理學的正

---

44 〈工部尚書孫家鼐奏陳遵籌京師建立學堂情形折〉（光緒二十二年八月二十一日
　　（1896年9月27日）），收入北京大學、中國第一歷史檔案館：《京師大學堂檔案選
　　編》（北京市：北京大學出版社，2001年），頁10。標點符號後加。

45 〈總理衙門籌議京師大學堂章程〉（光緒二十四年五月十五日（1898年7月3日）），
　　收入湯志鈞、陳祖恩、湯仁澤：《中國近代教育史資料彙編・戊戌時期教育》（上海
　　市：上海教育出版社，2007年），頁230-231。

46 〈大學堂章程〉（光緒二十二年五月十四日（1898年7月2日）），收入北京大學、中國
　　第一歷史檔案館：《京師大學堂檔案選編》（北京市：北京大學出版社，2001年），
　　頁31、35。

統性，也正面挑戰了三綱五常這一儒家核心價值觀與信仰，甚至把儒家政治學說說成是道德淪喪，其「中西並重」思想中凸顯了他對西學的認可程度超出孫家鼐對西學的認可程度。梁啟超的思想代表了一部分面對晚清社會巨大變革持現實主義態度的有識之士思想意識狀態，「在他們心目中，在一定社會意義上，傳統文化的價值在逐漸降低，西方文化的價值逐步上升。」[47]他們不僅反省中國傳統文化，甚至對傳統學科產生懷疑和批判，從而在思想認識上對西方學科加以認可，從原來的鄙視轉為肯定與接受。

顯然，孫家鼐更加重視經史為主的中國傳統學科，把它當成大學堂的專門學，試圖用西方學科的專與精，彌補中國傳統學科的不足；梁啟超卻堅持用中國傳統學科打基礎，不以它為專門學，以西方學科作為大學堂的專業學科。不僅如此，二者對於中國傳統知識分類也有不同看法，面對梁啟超將經學、理學、掌故學、諸子學分科立學的做法，孫家鼐堅持「請刪並理學歸入經學，刪去諸子文學歸入各門。」[48]

二者的分歧還體現在兵學可否劃入專門學的問題上。有關專門學中設置兵學問題，梁啟超早在〈公車上書請變通科舉折〉中就主張「夫欲富國，必自智其農工商始，欲強其兵，必自智其兵始。」因此，他堅持獨立設置兵學，與農、工、商等應用學科並列起來。孫家鼐卻反駁：「專門學內有兵學一門，查西國兵學，別為一事，大率專隸於武備學堂；又閱日本使臣問答，亦云兵學與文學不同，須另立學堂，不應入大學堂內，擬將此門裁去，將來或另設武備學堂，應由總

---

47 龔書鐸：《社會變革與文化趨同：中國近代文化研究》（北京市：北京師範大學出版社，2005年），頁111。

48 〈協辦大學士孫家鼐奏遵旨議復龐鴻書條陳折〉（光緒二十四年七月二十四日（1898年9月9日）），收入北京大學、中國第一歷史檔案館：《京師大學堂檔案選編》（北京市：北京大學出版社，2001年），頁61。

理衙門酌核請旨辦理。」[49]孫家鼐在一八九八年九月九日〈奏遵旨議
復龐鴻書條陳折〉中進一步解釋道，把兵學歸入武備學堂的主要原因
是陸軍、槍炮、水師、駕駛、測量等在學堂中不便教習的問題。

　　分歧的存在並不否定，他們對大學堂專門學設置問題上的默契。
面對龐鴻書對〈大學堂章程〉學科設置問題提出的質疑，孫家鼐堅決
維護梁啟超的觀點，認為「經學所以正人心明義理，中西學問皆以此
為根底，不另立一門何以為造端之地……礦學農學醫學皆與化學表
裏，算學中之天文學凡方輿繪圖海道駕駛皆以天文之緯度為憑需用尤
鉅更不得為無關政治，凡此數端均大學堂必應設之專門，無可議
減。」[50]同時，有關大學堂專門學的提法上二者均提倡設立算學、地
理學、政治學等基礎學科以及農、工、商、醫學等應用學科。尤其是
對農、工、商、醫等應用學科的提倡中充分反映出當時社會對大學堂
的殷切需求，同時暴露出科舉考試選拔出的人才已經不能適應時代條
件與社會發展需求的現實命題，應對晚清社會的內憂外患局面，改變
人才培養模式已成趨勢。

三　大學堂七科設想

　　張百熙在〈欽定京師大學堂章程〉中圍繞「造就通才」的人才培
養目標，提出大學學科的七科分類設想，「大學分科，俟預備科學生
卒業之後再議課程，今略仿日本例，定為大綱，分列如下：政治科、

49　〈總理衙門籌議京師大學堂章程〉（光緒二是四年五月十五日（1898年7月3日）），
　　收入湯志鈞、陳祖恩、湯仁澤：《中國近代教育史資料彙編・戊戌時期教育》（上海
　　市：上海教育出版社，2007年），頁240。
50　〈協辦大學士孫家鼐奏遵旨議復龐鴻書條陳折〉（光緒二十四年七月二十四日
　　（1898年9月9日）），收入北京大學、中國第一歷史檔案館：《京師大學堂檔案選編》
　　（北京市：北京大學出版社，2001年），頁61。

文學科、格致科、農業科、工藝科、商務科和醫術科。」[51]七科所屬
具體學科劃分如下：政治科包括政治學和法律學兩目，文學科包括經
學、史學、理學、諸子學、掌故學、詞章學和外國語言文字學等七
目，格致科包括天文學、地質學、高等算學、化學、物理學和動植物
學等六目，農業科包括農藝學、農業化學、林學和獸醫學等四目，工
藝科包括土木工學、機器工學、造船學、造兵器學、電氣工學、建築
學、應用化學和採礦冶金學等八目，商務科包括簿記學、產業製造
學、商業語言學、商法學、商業史學和商業地理學等五目，醫術科包
括醫學和藥學兩目。

不可否認，七科設想以日本大學分科制度為藍本，但二者之間還
是有細微差異。按照當時出訪日本的清朝官員記載「日本仿照西法設
立大學，共分六科：一曰法科大學，其目有二。一曰醫科大學，其目
有二。一曰工科大學，其目有九。一曰文科大學，其目有九。一曰理
科大學，其目有七。一曰農科大學，其目有四。」[52]以明治十九年
（1886）公佈的〈帝國大學令〉為例，「帝國大學是由大學院及分科
大學所構成的綜合大學。分科大學包括法科大學、醫科大學、文科大
學、理科大學及工科大學。至一八九〇年又加上農科大學。」[53]可
見，當時日本大學的學科門類基本是由文、理、法、農、工、醫科組
成。暫不考慮其具體類目的差異，僅從大學學科門類數量與表述看，

---

51 〈欽定京師大學堂章程〉（光緒二十八年七月十二日（1902年8月15日）），收入璩鑫
　圭、唐良炎：《中國近代教育史資料彙編・學制演變》（上海市：上海教育出版社，
　2007年），頁245。

52 〈出使日本大臣裕庚奏請京師學校採用西國規模片〉（光緒二十四年七月初三日
　（1898年8月19日）），收入北京大學、中國第一歷史檔案館：《京師大學堂檔案選
　編》（北京市：北京大學出版社，2001年），頁55。

53 王家通：《日本教育制度——現況趨勢與特徵》（高雄市：高雄復文圖書出版社，
　2003年），頁14。

〈欽定京師大學堂章程〉中的七科設想比日本大學學科門類多一個商科，且沒有直接採納「理科」、「法科」的稱謂，採用「格致科」、「政治科」一詞。

在大學堂學科體系中獨立設置商科的問題，孫家鼐和梁啟超早已提出。孫家鼐的專門學設想中就有商務科、梁啟超同樣在專門學中設置商科。張百熙也不例外，在大學堂學科體系中獨立設置了商務科。從三位學人強調獨立設置商務科的做法中不難發現，晚清社會對工商業人才的需求與渴望，以及社會事業中貿易、商業的發展勢頭。

〈欽定京師大學堂章程〉中延續了「格致科」的稱呼，並沒有直接採用日本的「理科」一詞。相較於梁啟超在〈教育政策私議〉（1902）一文中設計的「七科大學」——文科大學、法科大學、醫科大學、理科大學、工科大學、農科大學和商科大學——的設想，張百熙的七科設想保留了幾分本土色彩。「格致」一詞見於《大學》，「『格物致知』，原指窮究事物的原理而獲得知識，是作為一種道德修養方法而納入經學範疇。」[54]「《四書集注》裏的『格致』與『科學』無關，卻在中國近代史上，最終演變為『科學』。」[55]《清會典》記載的同文館諸科中就有「格致之學」，它不再屬於經學範疇，具體包括「力學、聲學、氣學、火學、光學、電學和動植之學。」[56] 此時的「格致科」泛指數學、天文學、地質學、化學、物理學和動植物學等西方的自然科學分支。

〈欽定京師大學堂章程〉中同樣沒有採納日本的「法科」的提法，堅持使用了「政治科」。日本大學學科劃分採用法科，畢竟日本

---

54 張亞群：《科舉革廢與近代中國高等教育的轉型》（武漢市：華中師範大學出版社，2005年），頁44。

55 張建偉：《近代化細節》（長沙市：湖南人民出版社，2008年），頁137。

56 《清會典》記同文館各科課程內容。《清會典》，卷100，頁1155。朱有瓛：《中國近代學制史料‧第一輯》上冊（上海市：華東師範大學出版社，1983年），頁77-78。

在明治維新後走上立憲的道路，國家建設中法律不可或缺，而張百熙
作為代表朝廷利益的官員，不採用日本的稱謂，也不借鑒梁啟超的法
科提法，與清朝對君主立憲制還不能完全接受有一定的關聯。

四　大學堂「八科分學」制度

　　一九〇二年的〈欽定京師大學堂章程〉未能頒佈實施，但七科設
想奠定了隨後頒佈的〈奏定大學堂章程〉中「八科分學」的基調。
〈奏定大學堂章程〉是中國近代正式頒佈和實施的大學教育制度。

（一）「科─門」的規定

　　〈奏定大學堂章程〉明確規定，大學堂分為八科：經學科、政法
科、文學科、醫科、格致科、農科、工科和商科，下設四十六門，若
干科目。按照現有的理解「『科』相當於我們現在的學科門類，科下
設『門』相當於我們現在所稱的一、二級學科和專業。」[57]具體科─
門─科目的劃分詳見表2-4。

表2-4　〈奏定大學堂章程〉的學科分類表

分科 大學	科	門	科目
經學 科大 學	經學	周易學	主課：周易學研究法； 補助課：爾雅學、說文學、欽定四庫全書提要經部 易類、御批歷代通鑒輯覽、中國古代歷代法制考、 中外教育史、外國科學史、中外地理學、世界史、 外國語文（英、法、俄、德、日，選習其一）。

---

57 紀寶成：《中國大學學科專業設置研究》（北京市：中國人民大學出版社，2006
　年），頁5。

分科大學	科	門	科目
		尚書學	主課：尚書學研究法；補助課：同上
		毛詩學	主課：毛詩學研究法；補助課：同上
		春秋左傳學	主課：春秋左傳學研究法；補助課：同上
		春秋三傳學	主課：春秋左氏、公羊、穀梁學研究法；補助課：同上
		周禮學	主課：周禮學研究法；補助課：同上
		儀禮學	主課：儀禮學研究法；補助課：同上
		禮記學	主課：禮記學研究法；補助課：同上
		論語學	主課：論語學研究法；補助課：同上
		孟子學	主課：孟子學研究法；補助課：同上
		理學	主課：理學研究法，程、朱學派，陸、王學派，漢唐至北宋周子以前理學諸儒學派，周秦諸子學派；補助課：同上
政法科大學	政法	政治	主課：政治總義、大清會典要義、中國古今歷代法制考、東西各國法制比較、全國人民財用學、國家財政學、各國理財史、各國理財學術史、全國土地民物統計學、各國行政機關學、員警監獄學、教育學、交涉學、各國近世外交史、各國海陸軍政史；補助課：各國政治史，法律原理學，各國憲法、民法、商法、刑法，各國刑法總論
		法律	主課：法律原理學、大清律例要義、中國歷代刑律考、中國古今歷代法制考、東西各國法制比較、各國憲法、各國民法及民事訴訟法、各國刑法及刑事訴訟法、各國商法、交涉法、泰西各國法；補助課：各國行政機關學、全國人民財用學、國家財政學

分科大學	科	門	科目
文學科大學	文學	中國史學	主課：史學研究法、御批歷代通鑒輯覽、各種紀事本末、中國歷代地理沿革略、國朝事實、中國古今外交史、中國古今歷代法律考； 補助課：四庫史部提要，世界史，中、外今地理，西國科學史、外國語文（英、法、俄、德、日選習其一）
		萬國史學	主課：史學研究法、泰西各國史、亞洲各國史、西國外交史、年代學； 補助課：御批歷代通鑒輯覽、中國古今歷代法制史、萬國地理、外國語文（英、法、俄、德、日選習其一）
		中外地理學	主課：地理學研究法、中國今地理、外國今地理、政治地理、商業地理、交涉地理、歷史地理、海陸交通學、殖民學及殖民史、人種及人類學； 補助課：地質學、地文學、地圖學、氣象學、博物學、海洋學、外國語（英、法、俄、德、日選習其一）、中國方言（滿、蒙、藏、回選習其一）
		中國文學	主課：文學研究法、說文學、音韻學、歷代文章流別、古人論文要言、周秦至今文章名家、周秦傳記雜史周秦諸子； 補助課：四庫集部提要，漢書藝文志補注、隋書經籍志考證，御批歷代通鑒輯覽，各種紀事本末，世界史，西國文學史，中國古今歷代法制考，外國科學史，外國語文（英、法、俄、德、日選習其一）
		英國文學	主課：英語英文； 補助課：英國近世文學史、英國史、拉丁語、聲音學、教育學、中國文學
		法國文學	主課：法語法文；補助課：同上

分科大學	科	門	科目
		俄國文學	主課：俄語俄文；補助課：同上
		德國文學	主課：德語德文；補助課：同上
		日本文學	主課：日語日文；補助課：同上
醫科大學	醫	醫學	主課：中國醫學、生理學、病理總論、胎生學、外科總論、外科各論、內科總論、內科各論、婦科學、產科學、產科模型演習、眼科學、捆紮學實習、衛生學、檢驗醫學（日本名法醫學）、外科手術實習、檢眼鏡實習、皮膚病及黴毒學、精神病學、黴毒學； 補助課：藥物學、藥物學實習、醫化學實習、處方學、診斷學、外科臨床講義、內科臨床講義、婦科臨床講義、幼科臨床講義
		藥學	主課：中國藥材、製藥化學、藥用植物學、分析術實習、製藥化學實習、植物學實習及顯微鏡用法、生藥學、檢驗化學（日本名裁判化學）、衛生化學、植物分析法實習、生藥學實習、有機體考究法、調劑學、檢驗化學實習、衛生化學實習、調劑學實習、藥方使用法實習
格致科大學	格致	數學	主課：微分積分、幾何學、代數學、算學演習、力學、函數論、部分微分方程序論、代數學及整數論； 補助課：理論物理學初步、理論物理學演習、物理學實驗
		星學	主課：微分積分、幾何學、算學演習、星學及最小二乘法、球面星學、實地星學、星學實驗、力學、部分微分方程序論、函數論、光學、天體力學； 補助課：理論物理學初步、理論物理學演習、天體物理學、物理學實驗

分科大學	科	門	科目
		物理學	主課：物理學、力學、天文學、物理學實驗、數理結晶學、物理化學、應用力學、物理實驗法最小二乘法、化學實驗、氣體論、毛管作用論、音論、電磁光學論、理論物理學演習、應用電氣學、星學實驗、物理星學； 補助課：微分積分、幾何學、微分方程序論及橢圓函數論、球函數、函數論
		化學	主課：無機化學、有機化學、分析化學、化學實驗、應用化學、理論及物理化學、化學平衡論；補助課：微分積分、算學演習、物理學、物理學實驗
		動植物學	主課：普通動物學、骨骼學、動物學實驗、普通植物學、植物識別及解剖實驗、植物分類學、植物學實驗、有脊動物比較解剖、植物解剖及生理實驗、組織學及發生學實驗、人類學、寄生動物學、黴菌學實驗；補助課：地質學、生理化學及實驗、礦物及岩石實驗、生理學、古生物學、實地研究
		地質學	主課：地質學、礦物學、岩石學、岩石學實驗、化學實驗、礦物學實驗、古生物學、古生物學實驗、晶象學、晶象學實驗、地質學實驗、礦床學、地質學及礦物學研究； 補助課：普通動物學、骨骼學、動物學實驗、植物學、植物學實驗
農科大學	農	農學	主課：地質學、土壤學、氣象學、植物生理學、植物病理學、動物生理學、昆蟲學、肥料學、農藝物理學、植物學實驗、動物學實驗、農藝化學實驗、農學實驗及農場實習、作物、土地改良論、園藝學、畜產學、家畜飼養論、酪農論、養蠶論、農產製造學；補助課：理財學（日本名經濟學）、法學

分科 大學	科	門	科目
			通論、農業理財學（日本名農業經濟學）、獸醫學大意、農政學、國家財政學
		農藝學	主課：有機化學、分析化學、地質學、土壤學、肥料學、農藝化學實驗、作物、土地改良論、生理化學、醱酵化學、化學原理； 補助課：氣象學、植物生理學、動物生理學、農藝物理學、家畜飼養論、酪農論、農業理財學、農產製造論、事物及嗜好品
		林學	主課：森林算學、地質學及土壤學、氣象學、森林物理學、最小二乘法及力學、森林植物學、植物生理學、森林動物學、林學通論、森林測量、造林學、植物學實驗、動物學實驗、造林學實驗、森林測量實習、實事演習、樹病學、森林化學、森林利用學、森林道路、森林保護學、森林經理學、森林管理學、森林理水及砂防工、森林化學實驗、森林道路實習； 補助課：理財學、法學通論、森林法律學、林政學、國家財政學
		獸醫學	主課：獸體解剖學、獸體組織學、病理通論、外科手術實習、蹄鐵法、獸體解剖學實習、獸體組織學實習、蹄鐵法實習、家畜飼養論、酪農學、外科學、內科學、病獸解剖學及實習、病獸組織學及實習、蹄病論、家畜病院實習及內外科診斷法、畜產學、皮膚病學、寄生動物學、馬學、動物疫論、產科學、眼科學、胎生學；補助課：生理學、衛生學、黴菌學、檢驗醫學、獸醫員警學法、乳肉檢查法、藥物學、調劑法實習

分科大學	科	門	科目
工科大學	工	土木工程學	主課：算學、應用力學、熱機關、機器製造法、建築材料、冶金製器學（日本名製造冶金學）、地質學、石工學、橋樑、道路、測量、計劃製圖及實習、河海工學、鐵路、衛生工學、水力學、水力機、實事演習、市街鐵路、地震學、房屋構造、測地學；補助課：工藝理財學（日本名工藝經濟學）、土木行政法、電氣工學大意
		機器工學	主課：算學，力學，應用力學，熱機關，機器學，水力學，水力機，機器製造學，應用力學、製圖及演習，計劃、製圖及實驗，蒸汽及熱力學，機器幾何學及機器力學，船用機關，紡織，機關車，實事演習，特別講義； 補助課：電氣工學大意、電氣工學實驗、冶金製器學、火器及火藥、房屋構造、工藝理財學
		造船學	主課：算學，力學，應用力學，熱機關，機器學，機器製造學，冶金製器學，水力學，水力機，造船學，應用力學、製圖及演習，計劃及製圖，船用機關計劃及製圖，蒸氣，實事演習，船用機關； 補助課：電氣工學大意、火器及火藥、工藝理財學
		造兵器學	主課：算學，力學，應用力學，熱機關，機器學，水力學，水力機，冶金學，機器製造法，應用力學、製圖及演習，機器製圖，炮外彈路學，小槍及大炮，彈丸，炮架及車輛，水雷，蒸氣，鑄鐵學（日本名鐵冶金學），化學實驗，計劃及製圖，實事演習，冶金製器學，特別講義； 補助課：火藥學、電氣工學大意、造船學大意、射擊表編設

分科大學	科	門	科目
		電氣工學	主課：算學，力學，應用力學，熱機關，機器學，水力學，水力機，機器學，電氣及磁氣，電氣及磁氣測定法，機器製圖，化學實驗，電氣及磁氣實驗，電信及電話，電燈及電力，發電機及電動機，電氣化學，蒸氣，冶金製器學，電氣工學實驗，計劃及製圖，實事演習，特別講義； 補助課：工藝理財學
		建築學	主課：算學，熱機關，測量，地質學，應用規矩，建築材料，房屋構造，建築意匠，應用力學、製圖及演習，測量實習，製圖及配景法，計劃及製圖，衛生工學，水力學，施工法，實地演習，冶金製器法； 補助課：建築歷史，配景法及裝飾法，自在畫，美學，裝飾畫，地震學
		應用化學	主課：無機化學、有機化學、化學史、製造化學、冶金學、冶金製器學、礦物學及礦物識別、化學分析實驗、計劃及製圖、電氣化學、工業分析實驗、製造化學實驗、試金術及試金實習、實事演習； 補助課：熱機關、機器學、水力學、應用化學、房屋構造、電氣工學大意、火藥學大意
		火藥學	主課：算學、力學、應用力學、火藥學、小槍及大炮、無機化學、有機化學、製造化學、化學分析實驗、炮外彈路學、彈丸、炮架及車輛、水雷、工業分析實驗、製造化學實驗、計劃及製圖、實事演習、特別講義； 補助課：機器學、熱機關、水力學、電氣工學大意、冶金製器學、房屋構造、機器製圖

分科大學	科	門	科目
		採礦及冶金學	主課：礦物學、地質學、冶金學、採礦學、測量及礦山測量、礦物及岩石識別、化學分析實驗、礦山測量實習、計劃及製圖、鑄鐵學、選礦學、試金術、試金實習、吹管分析、實事演習、礦床學、冶金實驗、工學實驗、採礦計劃、冶金計劃、鑄鐵計劃； 補助課：房屋構造、熱機關、機器學、應用力學、水力學、機器製造法、電氣工學大意、冶金製器學、外國礦山法律
商科大學	商	銀行及保險學	主課：商業地理、商業歷史、各國商法及比較、各國度量衡制度考、商業學、商業理財學、商業政策、銀行業要義、保險業要義、銀行論、貨幣論、歐洲貨幣考、外國語（英國必習，兼習俄、法、德、日之一）、商業實事演習； 補助課：國家財政學、全國土地民物統計學、各國產業史
		貿易及販運學	主課：商業地理、商業歷史、各國商法及比較、各國度量衡制度考、商品學、商業學、商業理財學、商業政策、關稅論、貿易業要義、鐵路販運業要義、船舶販運業要義、鐵路章程、船舶章程、郵政電信章程、外國語（英國必習，兼習俄、法、德、日之一）、商業實事演習； 補助課：國家財政學、全國土地民物統計學、各國產業史
		關稅學	主課：大清律例要義、各國商法、全國人民財用學、中外各國通商條約、各國度量衡制度考、各國金銀價比較、中國各項稅章、關稅論、外國語（英國必習，兼習俄、法、德、日之一）；

分科大學	科	門	科目
			補助課：商業地理、商業歷史、商業政策、商業學、商品學、商業理財學

資料來源：據奏定大學堂章程（附通儒院章程），光緒二十九年十一月二十六日（1904年1月13日）。整理自璩鑫圭，唐良炎：《中國近代教育史資料彙編‧學制演變》（上海市：上海教育出版社，2007年），頁349-389。

　　通常「學科體系結構，大體包括學科門類、一級學科、二級學科和學科方向。[58]照此劃分，清末大學堂學科體系由學科門類、一級學科構成，具體包括八個學科門類、四十六個一級學科，一級學科均由若干門主課和補助課組成。

（二）「八科分學」的特點

　　「八科分學」的最大特點是把〈欽定京師大學堂章程〉中歸屬於文學科中的經學獨立出來設置為經學科，並排在諸學科之首，充分體現了「中學為體，西學為用」的思想。「中體西用」思想是一種調和中西學的教育觀，中西學關係上，體是不可改變的，西學只能用來鞏固中學，但在一定程度上肯定了西方的文化科學技術知識，為中國近代教育變革注入了新的力量。

　　張之洞非常重視經學，在其《勸學篇》的內篇中開門見山地提出「不先以中學固其根柢，端其識趣，則強者為亂首，弱者為人奴，其禍更烈於不同西學者矣……今日學者，必先通經以明我中國先聖先師立教之旨，考史以識我中國歷代之治亂、九州之風氣，涉獵子集以通我中國之學術文章，然後擇西學之可以補吾缺者用之、西政之可以起

58　李化樹：〈論大學學科建設〉，《教育研究》2006年第4期（2006年），頁86。

吾疾者取之，斯有其益而無其害。」[59]一九〇一年張之洞與劉坤一共同奏〈籌議變通政治人才為先折〉，擬參考東西方大學學制，將大學堂學科分為七個專門學科，七科中經學就排在首位，並且把文學涵括在內。當然在〈奏定大學堂章程〉中文科並沒有隸屬於經學科，保留了獨立學科門類地位。

同時他還採納了孫家鼐針對梁啟超將經學、理學分開設置提出的「至理學可併入經學為一門」的建議，將原來與經學並列的理學歸併於經學科中。把原來文學科下的史學門分化為中國史學和萬國史學，外國語言文字學具體分成英、法、德、日、俄等各國語言文學，與中國文學並列起來。把中西文化劃分得涇渭分明，忠於執行其「中體西用」思想。

其二，中國傳統學科得以較好地保存下來。經學科為群學之首，表示對經部為首的「四部之學」的重視。從經學科下設十一個學門看，基本延續了經、史、子、集「四部之學」中的經部所包含的主要類目，除了孝經類、樂類和小學類之外，易類、書類、詩類、禮類、春秋類、五經總義類和四書類都在經學科範圍之內。可以說，經學科的獨立設置以及中國史學門和中國文學門的獨立設置，對於保存和發展中國傳統學科起到一定的積極作用。

文學科下設中國史學門和中國文學門的具體科目中包括「四部之學」中史、子、集部類目。中國史學門擬開設主課中的《御批歷代通鑒輯覽》、《各種紀事本末》、《中國歷代地理沿革略》、《國朝事實》、《中國古今外交史》和《中國古今歷代法律考》，可以對應「四部之學」中史部的正史類、編年類、紀事本末類、時令類、地理類、傳記類、別史類、政書類等諸多類目。中國文學門擬開設主課中的《說文

59 〔清〕張之洞撰，李鳳仙評注：勸學篇（北京市：華夏出版社，2002年），頁59-60。

學》、《音韻學》、《歷代文章流別》、《古人論文要言》、《周秦至今文章名家》也與「四部之學」中集部的楚辭類、別集類、總集類、詞曲類相對應。中國文學門下設主課之一《周秦傳記雜史周秦諸子》，或多或少涉及到「四部之學」中的子部，雖然分量不是很重，也不至於完全否定諸子之學。

　　中國近代著名教育家蔣維喬在其〈清末學制之草創〉中對比〈欽定學堂章程〉與〈奏定學堂章程〉時就提到「其科目，又以舊學之經史子集等，皆勉強納入其中，與各科學並列」[60]的看法。問題的關鍵並不在於中國傳統學科在〈奏定大學堂章程〉中是地位顯赫還是勉強納入，而在於傳統學科確實在該章程中得到有效地保護與保留。正如蕭朗教授總結的，「『八科分學』方案初步奠定了中國近代大學學科體系的基礎，大致劃定了大學學術研究和教學的範圍，使中國傳統學術中的經學、史學、詞章學等在『經學科』和『文學科』中得以保存。」[61]其實不僅經學科、文學科在保存中國傳統學科方面做出貢獻，政法科也不是純粹的西方政治學與法律，也有我們自己傳統學科因素。如政法科下設政治學門中擬開設的《大清會典要義》和《中國古今歷代法制考》以及法律學門下設《中國歷代刑律考》，也與「四部之學」中的史部相關聯。

　　其三，「八科分學」的大學學科體系呈現出功利主義傾向。四十六門學科中，文學科、格致科和政法科中的政治門屬於基礎學科，共計十六門。醫、工、農、商科和政法科中的法律學屬於與社會職業分工密切聯繫的應用學科，共計十九門。大學堂學科體系中規定的經學

60 蔣維喬：〈清末學制之草創〉，收入陳學恂：《中國近代教育史教學參考資料》（北京市：人民教育出版社，1986年），頁559。

61 蕭朗：〈中國近代大學學科體系的形成——從「四部之學」到「七科之學」的轉型〉，《高等教育研究》2001年第11期（2001年），頁103。

科主課均以各學研究法開頭，從其研究法略解看：「通經所以致用，故經學貴乎有用，貴乎通，不可墨守一家之說，尤不可專務考務考古。研究經學者，務宜將經義推之於實用，此乃群經總義。」[62]於此推斷，經學科也屬於應用學科。因此，數量比例上，基礎學科十六門，占學門總數的百分之三十五；應用學科共計三十門，占學門總數的百分之六十五，在整個學科體系中佔有主導地位。

　　商科的獨立設置及其學門的大改動也從一個側面反映出大學堂學科設置的功利主義傾向。當時日本大學學科中沒有商科，只有商學從屬於法科中。自從孫家鼐提出商科以來，清末大學堂章程中一以貫之地堅持了商科的獨立地位。對比〈欽定京師大學堂章程〉，此次商科學科門類的設置，把原來的商業語言學、商法學、商業歷史和商業地理等學門改為學門下設主要科目，簿記學和產業製造學被取締，商科下設置了銀行及保險學、貿易及販運學和關稅學等三門。這與清末對民族工商業發展的迫切需求相關聯。

　　除此之外，醫科課程設置中也能體現出大學堂學科設置的功利主義傾向。一九〇五年〈醫科大學章程商榷〉一文中提出「最宜商榷者，即不列解剖學及組織學也……解剖學及組織學，謂之基礎醫學，學醫學而無基礎學，則所學皆妄。」[63]從應用學科缺失相應的基礎科學根基的事實推斷，當時的學科設置不免有些急功近利。雖然醫科在京師大學堂分科大學中未開設，但其醫科大學章程的商榷從一個側面

62　〈奏定大學堂章程（附通儒院章程）〉（光緒二十九年十一月二十六日（1904年1月13日）），收入璩鑫奎、唐良炎：《中國近代教育史資料彙編‧學制演變》（上海市：上海教育出版社，2007年），頁350。

63　〈醫科大學章程商榷〉（光緒三十一年七月（1905年8月）），收入潘懋元、劉海峰：《中國近代教育史資料彙編‧高等教育》（上海市：上海教育出版社，2007年），頁6。

提醒人們要關注基礎理論學科與應用學科的關係，加深了對西方學科移植問題的理性思考。

　　當然，在「八科分學」的大學學科體系中我們看不到經濟學、教育學、哲學等學科門類。也就是說此時經濟學、教育學、哲學還不具有獨立學科地位，但在「八科分學」中經濟學和教育學屬於學門下設科目之一。中國近代大學語境中沒有採用日本翻譯的「經濟學」一詞，但該學科以「財用學」或「理財學」的名稱出現在不同學門下。如政法科政治學門下設主課中，就有「全國人民財用學」、「各國理財史」和「各國理財學術史」，農科下農學門和林學門下設補助課中，也有「理財學」。同樣教育學也是作為科目之一，出現在政治學門中。

　　綜合所述，清末「八科分學」的大學學科體系還是具有自己的創新性。首先，該學科體系學科門類的排列順序中不難看出其從中學到西學的學科分類原則。當然，該排列順序並不是孔德學科門類顯示出的科學發展的順序，即人類探索從物質運動形式的科學逐漸發展到社會運動形式的科學。而是從特定歷史時期不得不學習西方科學知識的前提條件下，保存中學的重心地位而設計出的學科排列順序，中學在先，西學在後。其目的不再是純粹的科學研究、知識創新與發展，而在於盡快培養出學以致用的實用人才，不僅學到西方的科學技術知識，還不失為中國傳統知識的傳播與傳承。其次，從學科分類標準看，「八科分學」雖說主要參照了日本的大學學科體系，但不是全盤照辦，「這種大學分科取法日本而又糅合中國傳統學術分科，具有學術轉型的特徵。」[64]從這一點上不能將其簡單歸為「舶來品」，要充分認識到它的特色。張之洞曾分析德、英、法、日等國高等學堂的「專

---

64 張亞群：〈廢科舉與學術轉型——論清末科學教育的發展〉，《東南學術》2005年4月（2005年），頁49。

門之學」，英國和法國略同，均分經、教、法、醫、化、工科，另外
設專門農、商、礦學。「日本高等學校亦分六門：一法科，二文科，
三工科，四理科，五農科，六醫科，每科所習學業，各有子目，其餘
專門各有高等學校。」[65]對比英、法、德、日六科之學，八科分學是
中國獨有的，尤其在經學科的獨立設置與商學科學科地位的提升上完
全區別於日本的大學學科體系。哲學的缺失也好，「科—門」設置缺
陷也罷，都不會影響「八科分學」在中國近代大學學科發展史上的開
創性作用。

（三）「八科分學」與七科設想的聯繫

　　通常人們把〈奏定學堂章程〉的起草歸功於張之洞一個人，「榮
慶以蒙人資格，兼入樞府，權位遠出張氏之上，有意更改從前的辦
法，恰逢張之洞因事入京，清廷乃下令之洞與二管學大臣重擬學堂章
程，此〈奏定學堂章程〉之由來。此項新章，名雖三人共擬，其實由
之洞一手包辦。」[66]實則，「八科分學」的提法很大程度上延續了張百
熙的七科設想。因為張之洞與劉坤一共同奏請〈籌議變通政治人才為
先折〉（1901）時，就提出經學、史學、格致學、政治學、兵學、農
學和工學等七科想法。八科分學中雖保留了經學科，但文學不再附屬
於經學科，而獨立設置，史學卻失去獨立學科地位，從屬於文學科
中。尤其在大學學科中是否獨立設置兵學與醫學的看法上，張百熙與
張之洞有很大分歧。張百熙提倡大學中設置醫學，不提倡設置兵學，
他認為「環球各國合上下之精神財力，尤注重練兵。兵之所以精則以

---

65 〔清〕張之洞、劉坤一：〈籌議變通政治人才為先折〉（光緒二十七年（1901）五
　月），收入舒新城：《中國近代教育史資料》上冊（北京市：人民教育出版社，1981
　年），頁49。
66 陳青之：《中國教育史》下冊（福州市：福建教育出版社，2009年），頁618。

通國皆兵又無一不出於學。中國陸軍海軍應廣立專門學堂，不在各學分科之內。」[67]與此相反，張之洞提倡在大學中設置兵學，不提倡設置醫學，他認為「至醫學一門，以衛生為義，本為養民強國之一大端。然西醫不習風土，中醫又鮮真傳，止可從緩。惟軍醫必不可緩，故附於兵學之內。」[68]結果，八科分學中未設置兵學，卻增設了醫科，如此看來，「八科分學」很大程度上尊重和延續了張百熙的七科設想。

總之，「八科分學」的大學學科思想融合了張之洞與張百熙的學科設想，不該將其歸功於張之洞個人的功勞。他們面對現實發展需求，肯定西方學科的價值，體現了一種變革的決心，而在採納西方學科時，試圖保存中國傳統學科的考慮，讓人看到一種難能可貴的憂患意識。

五　大學堂學科分類思想來源分析

凡是一個制度的確立，除了受到外在環境與社會需要的影響之外，歸根到底受到制度制定者知識價值觀的影響。「知識價值觀是人們對不同知識體系的功能與地位的一種價值判斷，它與教育變革緊密相連。」[69]清末學人對西學價值的認可與對中國傳統學科加以保護的

---

67 〈京師大學堂章程〉（光緒二十八年七月十二日（1902年8月15日）），收入北京大學、中國第一歷史檔案館：《京師大學堂檔案選編》（北京市：北京大學出版社，2001年），頁149。

68 〔清〕張之洞、劉坤一：〈籌議變通政治人才為先折〉（光緒二十七年（1901）五月），收入舒新城：《中國近代教育史資料》上冊（北京市：人民教育出版社，1981年），頁51。

69 張亞群：《科舉革廢與近代中國高等教育的轉型》（武漢市：華中師範大學出版社，2005年），頁44。

意識是大學堂學科分類思想形成的根本來源。

經歷了頑固派與洋務派的「義禮」與「技藝」之爭和洋務派與早期啟蒙思想家的「本末」、「體用」之爭，近代中國高等教育的發展方向基本導向西方學習，不僅學習「西文」、「西藝」，還要學習「西政」。張之洞認為，「近人若邵陽魏源於道光之季譯外國各書、各新聞報，為《海國圖志》，是為中國知西政之始。」[70]從而西方的學校、地理、度支、賦稅、武備、律例、勸工、通商皆成為學習的要點，天文曆算、聲、光、化、電和工程技術等也成為學習西方學問不可或缺的內容。

清末學人十分重視對西學的理解與吸收，開始考慮如何將西方學科融入中國傳統知識體系的問題。較為典型的事件是，對西方科學知識的稱謂採用「格致」一詞，「晚清稱『格致之學』或『格致』，這雖然在實質上已改變了對格致的傳統理解，但又畢竟是試圖把西學知識納入到中國傳統學問的框架之中。」[71]既要學習西方學科，又要保存自己的傳統學科，既要充分吸收西學，又要避免西學凌駕於中學。對待兩種不同的知識系統。如何擺正各自的位置成為一大難題。

相較於孫家鼐「中學包羅西學」和梁啟超「中西並重」思想，張百熙與張之洞的「中體西用」思想，較集中地表現了清末學人對待西學的矛盾心理。《勸學篇》中張之洞明確提出「舊學為體，新學為用，不使偏廢」的觀點，舊學即四書、五經、中國史事、政書和地圖，它所起的作用是務本，正人心；新學即西政、西藝和西史，其作用是務通，開風氣。雖然用詞上沒有直接採納「中學」與「西學」，但從舊學與新學所指內容看，舊學即中學，新學即西學。「舊學為

---

70 〔清〕張之洞撰，李鳳仙評注：《勸學篇‧外篇廣譯第五》（北京市：華夏出版社，2002年），頁100。

71 樊洪業：〈科舉‧科學‧科學家〉，《民主與科學》1990年第2期（1990年），頁46。

體，新學為用」即「中體西用」思想。「體、用」概念如同中國古代思想體系中「道器」概念，道是體，指封建社會倫理綱常，器是用，指具體事務，在於實用。體與用，道與器的關係上中國社會一直以來重體輕用，重道輕器。如此看來，張之洞主張的「中體西用」思想中中學的地位不可動搖，西學的作用是用來彌補中學的不足，為我所用。事實上的矛盾性，漢學家的分析批判具有一定的說服力，「張之洞及其支持者在理論上誤用了理學的二元論，因為『體』和『用』作為一個統一體在互相關聯的兩個方面，是不可分割的。不過這種說法具有心理意義，因為它便於中國實行現代化，而不致喪失其文化特性。儘管其效力令人懷疑，但它象徵著中國對西方的矛盾態度。」[72]

　　不論從學科名詞的使用儘量避免日本的翻譯，還是「八科分學」中首設經學科來看，張百熙和張之洞都在極力地保存和發展西方學科衝擊下的中國傳統學科。「對『自然科學』這個學科的稱謂，並沒有借用日本的學術用語──『理科』或『科學』來表示，而是採用了儒家學說的一個古典術語──『格致』。這個問題也反映了當時圍繞著學科用語而展開的一場爭論──究竟是應該用中國傳統術語來表示那些新的現代學科呢？還是借用日本的外來詞彙呢？」[73]在〈奏定大學堂章程〉中諸如此類的學科用語還很多。如《辨學》，日本名論理學，中國古名名辨學；《公益學》，日本名社會學，近人譯作群學；《政治總義》，日本名為政治學；《各國政治史》，日本名為政治史；《全國人民財用學》，日本名理財學及經濟學；《國家財政學》，日本名為財政學；《各國理財史》，日本名為經濟史；《各國理財學術史》，

---

72 〔美〕費正清等撰，中國社會科學院歷史研究所編譯室譯：《劍橋中國晚清史（1800-1911）》（北京市：中國社會科學出版社，1985年），卷下，頁197。

73 〔加〕許美德撰，許潔英譯：《中國大學1895-1995：一個文化衝突的世紀》（北京市：教育科學出版社，1999年），頁58。

日本名為經濟學史；《全國土地民物統計學》，日本名為統計學；《各國行政機關學》，日本名為行政法學；《檢驗醫學》，日本名法醫學；《檢驗化學》，日本名裁判化學；《理財學》，日本名經濟學；《農業理財學》，日本名農業經濟學；《冶金製器學》，日本名製造冶金學；《工藝理財學》，日本名工藝經濟學；《鑄鐵學》，日本名鐵冶金學等等。

　　若對具體科、門分類的表述作深入分析，看到另一種景象。從宗旨上看似乎是本著「中體西用」思想，把西方學科納入到中國傳統知識系統中，事實上卻走向「西學包羅中學」的另一端。雖然獨立設置經學科並設在眾學科之首，看似它的地位和價值無與倫比。但經學科中普遍使用「某某學」的稱呼，明顯烙上西方文化標籤。「加一個『學』字說明了一種文化進步，形成了人與知識之間的有機聯繫，成為新文化的標誌。也才能夠將古代隨機散亂的常識，系統化為人文科學軌道中的一部分知識，它也是西方文化自身探索與進步的標誌。」[74]不論是「經部」改稱「經學」，還是經學科下所有門的稱呼中，無處不掛「學」，如周易學、尚書學、毛詩學到論語學、孟子學。這般對西方學科稱呼形式上的模仿，與其說把西方學科融入中國傳統知識系統中，不如說使中國傳統學科更接近於西方學科。其實在〈學務綱要〉中張百熙、張之洞對西方分科教學是加以充分肯定的，「科學相間講授，乃各國成法，具有深意，每日此門數刻，他門又數刻，一日內講習至五六種，看似繁難，其實具有深意。為其功課難易相配，不致過勞生厭，而各種科學同時並講，亦有互相補助之益。」[75]正可謂「張之洞的『中體西用』說而言，它雖然無意與傳統決裂，思想仍在

---

74 鍾少華：〈試論民俗學科詞語概念的近代闡述〉，《民俗研究》2002年第4期（2002年），頁6。

75 〔清〕張百熙、榮慶、張之洞：〈學務綱要〉（光緒二十九年十一月），收入舒新城：《中國近代教育史資料‧上》（北京市：人民教育出版社，1981年），209。

原有的價值體系中運作，但它卻是近百年學術現代轉型的源頭之水。」[76]正是這般對西學既防範又模仿的矛盾心理，促成了經學科為首，涵括諸多西方學科的大學堂「八科分學」體系。

　　此外，有關大學堂章程未設置哲學的問題，王國維在〈奏定大學堂章程〉頒佈後就提出質疑，「雖然尚書之志善矣，然所以圖國家學術之發達者，則固有所未盡焉……其根本之誤何在？曰在缺哲學一科而已。」[77]不曾設立哲學科的根源與西方學者秉持的知識分類觀有很大關聯。因為「晚清時期傳入中國之西方知識系統是比較龐雜的，但主要是孔德和斯賓塞所概括之近代知識分類體系，」[78]而孔德和斯賓塞的科學體系中不包括哲學，他們都把哲學當成科學的科學，即統合一切科學知識的整體。以孔德的實證科學─哲學體系為例，詳見圖2-1：

---

76 麻天祥：《中國近代學術史》（武漢市：武漢大學出版社，2007年），頁14。

77 王國維：〈奏定經學科大學文學科大學章程書後〉（光緒三十二年（1906年）），收入潘懋元、劉海峰：《中國近代教育史資料彙編・高等教育》（上海市：上海教育出版社，2007年），頁7。

78 左玉河：《從四部之學到七科之學：學術分科與近代中國知識系統之創建》（上海市：上海書店出版社，2004年），頁311。

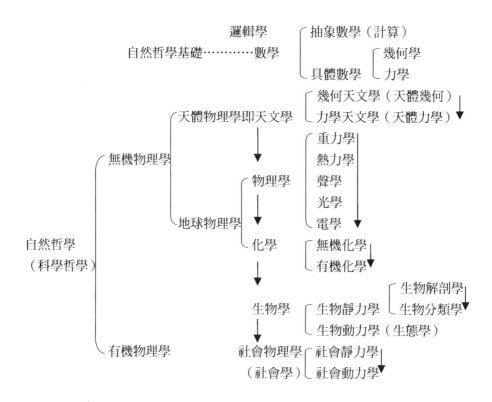

　　如圖所示，孔德劃分的學科門類有數學、天文學、物理學、化學、生物學和社會物理學（社會學）等六大類，哲學此時充當的是上述科學的基礎，即科學的科學，而非科學的分支。孔德的最大貢獻就在於學科門類中留給社會學一席之地，使之成為獨立學科，並與諸多自然科學一同構成十九世紀學科體系的整體。「孔德的社會學包括了社會政治、道德、文化藝術、宗教等一系列具體領域的理論，」[79]確實是保羅了一切有關社會的知識體系。孔德學科門類顯示出科學發展的順序，人類探索從物質運動形式的科學逐漸發展到社會運動形式的科學。這一順序至今都對學科分類有影響。如聯合國教科文組織大學

79 歐力同：孔德及其實證主義（上海市：上海社會科學院出版社，1987年），頁137。

學科分類法的學科主要領域的劃分順序是從自然科學、工程學、醫學
科學、農業到社會科學、人文科學和美術；美國科研系統常用分類法
也是從生命科學、心理學、物質科學、環境科學、數學和電腦科學、
工程科學到社會科學排序。

第三章
清末大學堂的學科建制雛形

　　清末高等教育機構主要包括大學堂、高等學堂和專門學堂。其中高等學堂相當於大學預科教育，專門學堂相當於專科教育，大學堂屬於大學本科教育。清末「全國只有三所國立大學，包括京師大學堂、重建後的天津中西學堂（改名北洋大學堂）以及由庚子『地方賠款』興建的山西大學堂，」[1]它們共同開創了中國近代國立大學學科教育的先河。以「新政」[2]為界限，大學堂經歷了草創與復辦兩個階段。「新政」之前，天津中西學堂和京師大學堂的學科草創各具特色。「新政」時期，大學堂增加至三所，京師大學堂在復辦後變通方法只設普通學，一九一〇年正式開辦本科層次的分科大學，建立了「科—門」建制。天津中西學堂（北洋大學堂）與山西大學堂在美、英大學模式影響下建設了工科、法科等應用學科。

第一節　「新政」之前大學堂學科草創

　　「新政」之前，屬於大學教育水準的只有天津中西學堂和京師大學堂，沒有統一學制指導下，二者在學科草創方面各有特色。天津中

1　張亞群：《科舉革廢與近代中國高等教育的轉型》（武漢市：華中師範大學出版社，2005年），頁105。

2　義和團運動導致八國聯軍入侵，在改革勢力的呼籲下，一九〇一年一月二十九日，慈禧太后以光緒皇帝的名義在西安頒佈「變法」上諭，由此開始了晚清最後十年的「新政」時期。

西學堂頭等學堂開創了工、法科應用學科建制，設置了礦學、工程學、機器學和法律學。京師大學堂不僅設置了中西學科，還設置了格致、化學、政治、史學、輿地（地理）等專業學科，較集中在自然科學和社會科學的基礎學科領域，突破了只設置應用學科的局限性。

一　天津中西學堂工科法科的創始

　　一八九五年十月二日，天津海關道盛宣懷在天津奏准設立天津中西學堂，是中國近代新式大學的開端。天津中西學堂經費主要來源於國家收入中的財政稅收和電政稅收，「從體制上看屬於國立官辦的第一所大學。」[3]天津中西學堂分頭等學堂和二等學堂，頭等學堂相當於大學本科教育，二等學堂相當於大學預科教育。天津中西學堂頭等學堂的學科設置標誌著中國近代國立大學的學科萌芽。

　　按照盛宣懷〈擬設天津中西學堂章程稟〉，頭等學堂第一年課程不分科別，第二年後，各就性質所近，學習工程學、電學、礦務學、機器學和律例學等專業學科。當時「頭等分習法律學、礦學、工程學、機器學，為專門科。」[4]沒有開設電學。一八九九年頭等學堂培養出中國近代第一批大學畢業生，「中國第一張大學文憑（欽字第一號）的獲得者，即是畢業於該校法科法律學專業的近代著名法學家、曾任中華民國第一任外交總長的王寵惠。」[5]由於天津中西學堂創辦

3　王杰：〈北洋大學堂與中國近代高等教育的緣起〉，《高教探索》2008第6期（2008年），頁75。

4　〈代理北洋大學堂監督丁條呈改良北洋大學堂事宜稟並批〉（光緒三十二年正月（1906）），收入朱有瓛：《中國近代學制史料‧第二輯》上冊（上海市：華東師大出版社，1987年），頁970。

5　金以林：《近代中國大學研究：1895-1949》（北京市：中央文獻出版社，2000年），頁12。

之始，就參照美國大學模式辦學，頭等學堂畢業生不經考試，就可以直接進入美國著名大學的研究院就讀。遺憾的是一九〇〇年八國聯軍入侵京津，學堂先後被美、德軍佔領，天津中西學堂被迫停辦。

可以肯定的是中國近代國立大學專業學科的嘗試始於天津中西學堂的頭等學堂，其學科門類包括工科和法科，下設一級學科包括礦學、工程學（土木工程）、機器學（機械工程）和法律學。因此，在中國近代國立大學學科建制方面最早設置的是工科和法科。從學科門類看，工科和法科均屬於應用學科。「在國際上，人文學科、社會科學、自然科學被視為基礎學科，而法學、醫學、商學、工學、教育學、新聞與傳播等被認為是應用學科。」[6]基礎學科注重學理，發現原理，增進知識本身，應用學科注重知識的實用價值。天津中西學堂頭等學堂設置法科工科與當時清廷急需內政外交上熟悉國際公法的法律人才與發展工業的工科人才密切相關，充分肯定了當時的大學學科建制是根據社會需要而設置。學科內容凸顯了實質教育論的主張，掌握切實有用的知識的要求成為大學教育的使命，在教育目的價值取向上堅持了社會本位論，根據社會需要確定學科，人的發展必須服從社會需要，社會價值高於個人價值。所以，功利性凸顯的時代，人文性必定處於劣勢，學科設置的意圖主要滿足特定社會的需求，而不是充分考慮個體需要。這是大學堂學科草創之時的時代特徵。

二　京師大學堂中西學科的嘗試

清廷創辦京師大學堂的主要原因就是把甲午戰敗歸結為「學問不

6　紀寶成：《中國大學學科專業設置研究》（北京市：中國人民大學出版社，2006年），頁169。

如日本」，因此力圖傚仿外國興辦學校，研究學問。從而傳承中學和
傳授西學成為其學科設置的基調。

自從一八九八年二月十五日，御史王鵬運奏請開辦京師大學堂以
來，經歷種種變故，終於在一八九八年十二月三十一日（光緒二十四
年十一月十九日）京師大學堂正式開學，第一任管學大臣是光緒皇帝
的老師孫家鼐。據《申報》記載，京師大學堂擬招二〇〇名學生，由
於校舍容量不足，「先傳到一百六十名，其餘考取者作為外班俟將來
額缺添傳……計仕學院學生三十名，中學生六十名，小學生七十
名。」[7]其中仕學院主要招收進士、舉人出身的七品以上京官學習西
學，一六〇名學員中屬於高等教育層次的仕學院學生僅有三十名，其
餘一三〇名為中、小學生。這一點完全符合當時教育的實際情況，因
為清末學制頒佈之前並沒有建立中學、小學教育體制，新設立的大學
堂沒有合格生源而不能不統轄管理中小學。如此看來，中國近代第一
所綜合性大學開辦之時的身份比較尷尬，也說明它的創辦並非完全移
植西方大學模式。

京師大學堂學科設置，沒有按照梁啟超的〈大學堂章程〉規定，
全面開設專門學。甚至開學初期，「科學課程竟一門未開，六個月
後，御史吳鴻甲對大學堂未開任何一門科學課程事上折參奏，朝廷隨
即諭令：科學教學應立即進行。」[8]

由於自身身份特殊，孫家鼐在管理京師大學堂的一年多時間裏受
到朝廷頑固勢力的猜忌與指責，一八九九年十二月辭去管學大臣的職
位。早在同年七月「孫家鼐著再賞假一個月，吏部尚書著徐用儀署理

7　〈學堂紀事〉，《申報》第九千二百五十五號（光緒二十四年十二月初六，1899年1月
　 17日）。

8　〔法〕巴斯蒂：〈京師大學堂的科學教育〉，《歷史研究》1998年第5期（1998年），頁
　 49-50。

所管大學堂事務著許景澄暫行管理大學。」[9]這樣在孫家鼐辭去管學大臣職位之前，由出使日本國大臣，遊歷過歐洲多國的許景澄管理大學堂事務。據一九〇〇年二月十八日許景澄奏報的京師大學堂辦學情形折，當時京師大學堂設置經史講堂、專門講堂、算學講堂、格致、化學講堂和外文學堂，具體分化如下：

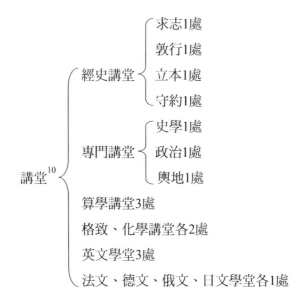

從其表述看，經史講堂和專門講堂主要學習中學，其餘講堂主要學習西學。在學習順序上，先通過經史講堂學習，達到經史講解明細者再進入專門講堂，學習史學、政治和輿地；學習西學同樣先通過算學講堂和諸外文講堂的學習，達到算學門徑諳曉者再進入格致、化學

9　〈著許景澄暫行管理大學堂事務諭旨〉（光緒二十五年六月初十日（1899年7月17日）），收入北京大學、中國第一歷史檔案館：《京師大學堂檔案選編》（北京市：北京大學出版社，2001年），頁81。

10　〈吏部左侍郎許景澄奏復大學堂功效折〉（光緒二十六年正月十九日（1900年2月18日）），收入北京大學、中國第一歷史檔案館：《京師大學堂檔案選編》（北京市：北京大學出版社，2001年），頁87。

講堂。由此可見，專門講堂和格致、化學講堂在學習層次上略高於其它講堂。學習時間上「上午學經史，下午學科學。」[11]

創辦之初的京師大學堂，西學以西文為基礎，再學習格致、化學等自然科學知識；中學以經史為基礎，再學習政治、史學、輿地等社會科學知識。經史、算學和西文是學生通習的基礎科目，屬於普通學，而史學、政治、輿地、格致和化學是學生分習的專業學科，屬於專門學。據〈許景澄詳奏大學堂情形諭旨〉，一八九九年九月（光緒二十五年八月）以後由經史常課學生內，陸續撥入專門政治、輿地等講堂者有四十二人，由算學撥入格致、化學等講堂者有四十九人，分習各國文字的學生四十三人，其中學習專業學科的學生共計九十一人。

專業學科的設置與一八九八年七月二日（光緒二十四年五月十四日）〈大學堂章程〉規定的高等算學、高等格致學、高等政治學、高等地理學、農學、礦學、工程學、商學、兵學、衛生學等十種專門學相差很多。格致學、政治學、地理學勉強符合規定之外，缺少了高等算學、農學、礦學、工程學、商學、兵學和衛生學，應該說此時的專業學科基本集中在基礎學科領域，而工、農、商、醫等在內的應用學科並未設置。總體上看京師大學堂專業學科的設置初步呈現出文理並設，中西結合的學科特色。

京師大學堂創辦之時，不是單一的高等教育機構。〈大學堂章程〉規定「設管學大臣一員以大學士尚書侍郎為之，略如管國子監事務大臣之職。」[12]創辦初期的京師大學堂，在性質上如同國子監，不

---

11 蕭超然、沙健孫、周承恩、梁柱：《北京大學校史》（上海市：上海教育出版社，1981年），頁10。

12 〈大學堂章程〉（光緒二十二年五月十四日（1898年7月2日）），收入北京大學、中國第一歷史檔案館：《京師大學堂檔案選編》（北京市：北京大學出版社，2001年），頁36。

僅是一所官辦大學，同時也是掌管全國教育事務的最高教育行政機
關。教學層次上京師大學堂不僅包括高等教育層次，也包括中小學在
內的基礎教育階段。這與大學堂創辦之初，沒有普通教育基礎，即沒
有可招的中學堂畢業生有關。一八九九年五月陝西道監察御史吳鴻甲
上奏，提出大學堂本不該設小學堂的問題，並奏請刪並大學堂。他的
理由是「章法未妥善，用人太多，事權不一」，列舉當時戶部每月撥
給京師大學堂經費銀一七二〇〇餘兩，合計年撥銀二十萬兩，其中學
堂總辦一人歲支薪水一二〇〇金，比當時京官俸銀多六至七倍，比八
旗官俸銀多八至九倍，覺得浪費了極其有限的經費開支。吳鴻甲建議
裁撤教員，「提調十二人當留一人為提調，二人為監院，其餘盡改為
分教……收掌以下諸人可裁十分之九，即聽差亦可裁四分之三刪繁就
簡。即以騰出房屋添加學生，騰出經費添買書籍儀器，並加優等膏
獎。」[13]一八九九年五月十日，管學大臣孫家鼐奏〈大學堂整頓情形
摺〉，通報了大學堂具體報名人數為二一八人，不足預定人數五〇〇
人，主要原因就是校舍有限，不能縛住而至。針對教習數量的責難，
孫家鼐加以說明，「查原定章程漢教習十四人，西教習二十六人。現
派漢教習九人，已減五人。西教習二十三人，已減三人。其西教習不
能多減者，因洋人指授，必藉副教習轉述言語方能明暢……洋教習既
經延定立有合同無可議減，監院為原定章程所無，不必徒易名目。」
[14]面對浪費教育經費的責難，決定從一八九九年五月（光緒二十五年
四月）起大學堂所有在事的總辦、提調、教習等人薪水各減半發放。

13 〈陝西道監察御史吳鴻甲奏請刪並大學堂折〉（光緒二十五年三月二十七日（1899
　年5月6日））收入北京大學、中國第一歷史檔案館：《京師大學堂檔案選編》（北京
　市：北京大學出版社，2001年），頁74。

14 〈協辦大學士孫家鼐奏陳大學堂整頓情形折〉（光緒二十五年四月初一日（1899年5
　月10日）），收入北京大學、中國第一歷史檔案館：《京師大學堂檔案選編》（北京
　市：北京大學出版社，2001年），頁78。

　　此時的京師大學堂，兼普通教育、高等教育與教育行政機構為一
體，所謂的「大學堂」徒有大學之名，而未有大學之實。加上時局動
盪，京師大學堂辦學經費來源──華俄道勝銀行被毀，一九〇〇年七
月九日許景澄奏請「創設大學堂之意，原為講求實學，中西並重。西
學現非所急而經史諸門本有書院、官學，」[15]建議暫行裁撤大學堂，
慈禧太后隨即下令暫撤京師大學堂。一九〇〇年八月十五日八國聯軍
侵入北京，京師大學堂成為俄、德兵營，被迫中斷辦學，中西學科的
嘗試也告一段落。

　　相較於天津中西學堂頭等學堂的工、法科設置，京師大學堂創辦
初期嘗試設置了格致、化學、政治、史學、輿地（地理）等學科，較
集中在自然科學和社會科學的基礎學科領域。雖然是一次短暫的嘗
試，也一定程度上突破了學科的純實用價值。

第二節　復辦後大學堂的學科設置

　　京師大學堂與天津中西學堂分別於一九〇二年一月和九月恢復辦
學，一九〇二年六月新設山西大學堂，至此，清末大學堂增加到三
所。京師大學堂復辦後變通方法只設普通學，暫不設專門學，一九一
〇年才正式開辦本科層次的分科大學，走上多學科綜合發展的道路，
而天津中西學堂（北洋大學堂）與山西大學堂在美、英大學模式影響
下通過預備科教育階段，陸續開辦大學本科教育，重點建設了工科、
法科等應用學科。

15　〈吏部左侍郎許景澄奏請暫行裁撤大學堂折〉（光緒二十六年六月十三日（1900年7
　　月9日）），收入北京大學、中國第一歷史檔案館：《京師大學堂檔案選編》（北京市：
　　北京大學出版社，2001年），頁89。

一　京師大學堂加強基礎學科

一九○二年一月十日（光緒二十七年十二月初一日），清政府派張百熙為京師大學堂管學大臣。復辦後的京師大學堂本想招收各省中學堂畢業生，開設專門學，而當時省學堂未成形，沒有合格生源導致其復辦後只能變通方法，辦速成科與預備科。預備科基礎上一九一○年開辦分科大學，開始了大學本科教育。

（一）速成科的學科設置

普通學是指清末對基礎學科的統稱。一九○二年十月十四日（光緒二十八年九月十三日），京師大學堂舉行招生考試，首先招考速成科學生。速成科分仕學館和師範館，「仕學師範兩館之創辦，乃取古語『作之君作之師』的意思，創辦的人當然有他一種偉大的抱負。」[16] 仕學館招考入仕途的五品以下八品以上京官以及因事留京的道員以下教職以上京城外官員，師範館招考舉貢生監入學。第一次招生，「仕學館錄取學生三十六名，師範館錄取學生五十六名。十一月二十五日，大學堂再次招生，仕學館、師範館共錄取學生九十名，」[17] 共計招生一八二名學員。一九○二年十二月十七日（光緒二十八年十一月十八日）京師大學堂舉行入學典禮，恢復辦學。

仕學館學制三年，學習內容側重政法，兼習普通學，具體包括算學、博物、物理、外國文、輿地、史學、掌故、理財學、交涉學、法律學、政治學等十一門。一九○四年三月仕學館併入新開辦的進士

16　鄒樹文：〈北京大學最早期的回憶〉，收入朱有瓛：《中國近代學制史料・第二輯》上冊（上海市：華東師大出版社，1987年），頁959。

17　蕭超然：〈京師大學堂創辦述略〉，《北京大學學報（哲學社會科學版）》1985年第1期（1985年），頁124-125。

館，之後仕學館學生或畢業或被派遣遊學，於一九〇六年（光緒三十二年）停辦。

　　師範館學制四年，分設國文外國語部、歷史地理部、數學物理部、博物農學部等四部。具體學科見表3-1。

表3-1　速成科師範館學科

分類	部																							
第一類	國文外國語部	國文	經學	倫理	教育	心理	體操	教育法令	英文	德文	法制	人倫道德	學校衛生	生理	生物	周秦諸子								
第二類	歷史地理部	國文	經學	倫理	教育	心理	體操	教育法令	法制	人倫道德	生物	外國地理	中國地理	世界史	亞洲史	中國史	地理							
第三類	數學物理部	國文	經學	倫理	教育	心理	體操	教育法令	人倫道德	學校衛生	手工	物理	物理實驗	代數	幾何	三角	化學實驗	化學	圖畫	解析幾何	微積分			
第四類	博物農學部	國文	經學	倫理	教育	心理	體操	教育法令	人倫道德	學校衛生	生理	農學	動物	動物實驗	植物	植物實驗	動物通論	動物進化論	化學	圖畫	植物生理	動物發生	礦物	地學

資料來源：〈沿革一覽：學制及學科〉，收入吳相湘、劉紹唐編：《國立北京大學紀念刊（民國六年廿週年紀念冊上）》（臺北市：傳記文學出版社，1971年影印），頁77。

　　該表所列「學科」，其實是普通學範疇的基礎教學科目，還達不到嚴格意義上學術分科的專門學。學科設置上有學生通習科目和專習科目之分。學生通習科目有國文、經學、倫理、教育、心理、體操、教育法令和人倫道德，是四類師範生必修科目。專習科目分四大類：

第一類政法和外文，第二類中外歷史地理，第三類數理化等自然科學類，第四類動植物學和農學。

　　具體科目中，現代科學教育佔據絕對優勢。正如師範館第一屆學員鄒樹文先生在〈北京大學最早期的回憶〉中所言，我們所讀的書，現代科學是占最大成分的。以表3-1所列學科為例，倫理學、代數、三角、幾何、地理學、植物學、動物學、物理、化學等諸學科是十七、十八世紀分化出的西方新興學科，見表3-2。

表3-2　文藝復興時期的學科與十四世紀以及
十七、十八世紀學科的比較

十四世紀以前七藝	文藝復興時期（十四至十六世紀）學科	十七至十八世紀學科
文法	文法（希臘文、拉丁文、近代文）	文法（希臘文、拉丁文、近代文）
	文學（古代文學、近代文學）	文學
	歷史（古代史、近代史、世界史）	歷史（古代史、近代史、世界史）
修辭學	修辭學	修辭學
辯證法	辯證法	邏輯
		倫理學
算術	算術	算術
		代數
幾何	幾何學（平面、立體）	三角學
		幾何學——解析幾何、微積分
	地理學	地理學
		植物學
		動物學

十四世紀以前七藝	文藝復興時期（十四至十六世紀）學科	十七至十八世紀學科
天文	天文學	天文學
	機械學	機械學
		物理學
		化學
音樂	音樂	音樂
	體育	體育
	體貌及道德訓練（宗教雖然沒有從學校中絕跡，但宗教的獨佔地位已被否定）	體貌及道德訓練

資料來源：吳剛：《知識演化與社會控制——中國教育知識史的比較社會學分析》（北京市：教育科學出版社，2002年），頁239-240。

　　如表所示，西方古典「七藝」經過文藝復興時期的分化，逐漸演變成文史哲、數理化俱全的人文學科和自然科學的大輪廓，再到工業革命後的進一步學科分化，文法分化出文學、文法、歷史，辯證法分化出邏輯學、倫理學，算術分化為算術和代數，幾何分化出三角學、幾何學、地理學、植物學和動物學，天文分化出天文學、機械學、物理學和化學。上述學科，除了社會科學之外，基本涵蓋了人文學科與自然科學中基礎學科的整體。由此推斷，京師大學堂師範館開設的普通學中絕大多數為西方的科學分支，說明此時大學堂科學教育得到較充分的發展。

　　「三十二年十二月師範館舊班一二三四類學生舉行畢業考試。三十三年二月舉行畢業禮式。師範舊班原定滿四年畢業，嗣因定章分為四類，添配教習，組織學科，一時未克完備，致稍遲延。學生所習公

共科多一學期，而分類科少一學期。」[18]據吳相湘，劉紹唐《國立北京大學紀念刊（民國六年廿週年紀念冊下）》畢業同學錄，一九〇七年三月（光緒三十三年二月）優級師範科畢業生共計一〇八名，其中最優等十八名、優等六十一名、中等二十一名、下等四名，未及格者四名。京師大學堂師範館在當時「師不苟求」的條件下，為各類學堂提供了合格的師資儲備，為教育的持續發展奠定了基礎。一九〇八年六月十四（光緒三十四年五月十六日）師範館改設為京師優級師範學堂，「臣部行走候選知縣陳問咸，堪以派充京師優級師範學堂監督。」[19]

（二）預備科的學科設置

相較於速成科，預備科的招生並不是很順利。張亨嘉所言，「上年（1903年）臣在浙江學政任內準大學堂諮調預備科學生並示考選章程。臣即通飭各屬招考竟無一人合格者。浙江素稱人文淵藪尚且如此邊方樣僅概可知矣。」[20]如此這般，人文淵藪的江浙一帶都很難招上符合進入京師大學堂預備科的學生，合格生源問題確實成為京師大學堂發展的瓶頸，當時興辦大學堂的難度可想而知。

按照一九〇四年一月十四日諭旨，京師大學堂「管學大臣」改為「學務大臣」，派大學士孫家鼐充學務大臣，致力於全國教育事務，一九〇四年二月六日諭旨令大理寺少卿張亨嘉著充京師大學堂總監

18　〈沿革一覽：學生〉，收入吳相湘、劉紹唐：《國立北京大學紀念刊（民國六年廿週年紀念冊上）》（臺北市：傳記文學出版社，1971年），頁87-88。

19　王學珍等：《北京大學紀事：1898-1997》（北京市：北京大學出版社，1998年），頁19。

20　〈大學堂總監督張亨嘉奏請變通預備科考選程度片〉（光緒三十年（1904年）），收入北京大學、中國第一歷史檔案館：《京師大學堂檔案選編》（北京市：北京大學出版社，2001年），頁260。

督，專司大學堂事務。隨著京師大學堂管理職權的分化，大學堂總監督不再負責全國教育事務，可以專心管理大學堂，除了專司仕學、師範兩館外，開始籌辦預備科，為建立大學堂分科大學做好準備。

一九〇五年二月開始辦起大學堂預備科，招考合格的學生中挑選年齡偏小，稍學外國語的學生為預備科主要生源。

「各直省督撫學政考選年齡合格品行端正之學生，諮送來京由臣出示，另場招考擇其學識較優者取錄三百六十餘人，合計舊有之師範生已五百人矣。至十一月中旬新班學生始行入堂並添聘英德日本教習，遵照定章於本年正月二十日開學分班講授……臣參考中外情形約分兩種辦法，學生中年齡較長，漢文較優者，俾充優級師範，其西文夙有門徑或年少易於練習者選入預科。」[21]

據一九〇四年〈奏定大學堂章程〉規定，預備科分為三類六級：一類法文，二類英文，三類德文，各分甲乙兩級，共六級。第一類預備科學生畢業後升入大學堂經科、法政、文學和商科；第二類預備科學生畢業後可以升入大學堂格致、農科和工科，第三類預備科學生畢業後升入醫科。其學科特點還是以普通學為主，有關預備科學科設置規定，見表3-3。

---

21 〈大學堂總監督張亨嘉奏報預備科並招師範生折〉（光緒三十一年正月三十日（1905年3月5日）），收入北京大學、中國第一歷史檔案館：《京師大學堂檔案選編》（北京市：北京大學出版社，2001年），頁261。

表3-3　大學堂預備科與中學堂課程設置比較

			學科設置											
			1	2	5	3	4	6	7	8	9	10	11	12
癸卯學制	預科	一類	人倫道德	經學大意	中國文學	外語	體操	歷史	地理	辨學	法學	理財學		
		二類	人倫道德	經學大意	中國文學	外語	體操	算學	物理	化學	地質	礦物	圖畫	
		三類	人倫道德	經學大意	中國文學	外語	體操	拉丁文	算學	物理	化學	動物	植物	
	中學堂		修身	讀經講經	中國文學	外國語	體操	歷史	算學	地理	博物	理化	圖畫	法制及財經

資料來源：舒新城：《中國近代教育史資料》中冊（北京市：人民教育出版社，1981年），頁657-658。

　　如表所示，預備科學科涵括所有中學堂課程，只是多開設兩門：拉丁文和辨學。「辯學：今譯邏輯學，」[22]通常屬於專業基礎學科，拉丁文是升入醫科的預科生所學科目，也屬於專業基礎學科。

　　雖然〈奏定大學堂章程〉中有關預備科的規定較完備，但京師大學堂預備科的學科設置在具體實施過程中有過幾次變通，首先，招生人數不夠理想，未開設三類預備科，初辦第二類預備科，即英文類預備科。「大學預科本年補習外國文字及普通學，按照章程明年應分三類。惟學生較少，如照章程分類則需用教員書器較多。擬酌量變通概令入第二類，研習理化實質之學以為格致工科大學之預備。蓋格致工

22　〔清〕譚嗣同撰，吳海蘭評注：《仁學》（北京市：華夏出版社，2002年），頁57。

科者乃濬利源開生業之要術也。」[23]當務之急選擇升入格致科、農科和工科的第二類預備科，足以看出清廷對西方自然科學知識的重視程度以及培養理工科人才的迫切需求。其次，外語學習從兩門要求降低到一門。一九〇七年四月六日（光緒三十三年二月二十四日）〈大學堂總監督為預備科學生應兼習兩門外語事告示〉中聲明，開辦預備科主要目的是奠定大學堂專門學基礎，為此要求預備科學生必須兼通兩國語言文字，才能勉強研究西方的精深學問。事實與設想之間的差距是預科生並非全由中學堂畢業生中考選出來，很多學生連一門外國語都沒學過。為此不得不變通原有的規定，決定不要求學生必須學習兩種外國語言文字，能掌握一門外國語，為掌握西方的精深學問奠定紮實的語言基礎即可。

據《國立北京大學紀念刊（民國六年廿週年紀念冊下）》畢業同學錄，宣統元年四月畢業的預科生一二五名，其中最優等六名、優等二十名、中等九十八名、下等一名。一九〇九年四月二十五日（宣統元年三月初六日），預備科改設高等學堂，「查有現充大學預備科提調翰林院編修商衍瀛……堪以派充京師高等學堂監督，仍暫統於大學堂，由總監督管理一切，以期銜接一氣。」[24]

沒有合格生源的京師大學堂一九〇二復辦後變通方法，只設普通學，不設專門學，先辦速成科和預備科。在此基礎上一九一〇年開始辦起了本科教育層次的分科大學，建立七大學科門類，十三個一級學科，開始了大學的多學科建設。

---

23 〈大學堂為師範生應用實驗儀器請準購買事致學務處諮呈〉（光緒三十一年六月七日（1905年7月19日）），收入北京大學、中國第一歷史檔案館：《京師大學堂檔案選編》（北京市：北京大學出版社，2001年），頁276。

24 王學珍等：《北京大學紀事：1898-1997》（北京市：北京大學出版社，1998年），頁21。

二　山西大學堂與天津中西學堂（北洋大學堂）的應用學科建設

　　山西大學堂與天津中西學堂在一九〇二年六月和九月分別開辦後，均通過預科教育階段，陸續開辦大學本科教育。山西大學堂首開設格致學門，在天津中西學堂法科和工科之後又一個新設立的西方學科為基礎的學科組織。

　　一九〇二年成立的山西大學堂是由書院基礎上改造的大學堂和傳教士創辦的中西學堂合併而成。一九〇二年三月，山西巡撫岑春煊以令德堂和晉陽書院為基礎改辦山西大學堂，五月八日正式開學。「載入高等教育史冊的英國人只有浸禮派傳教士李提摩太，他在十九世紀末，二十世紀初在中國知識階層頻繁活動，利用英國分享的『庚子賠款』，於一九〇一年創建了山西大學。」[25]準確地說，此「山西大學」是李提摩太從庚子晉省「教案賠款」中劃出白銀五十萬兩就地興辦的中西大學堂。一九〇二年六月三十日，中西學堂併入山西大學堂，成為其西學專齋，原來的山西大學堂成為中學專齋。按照合同規定十年之內，中學專齋由中國人主持，西學專齋由西方人主持，採用了獨具風格的辦學模式。

　　該辦學模式影響下，中西齋學科設置各不相同。中學專齋當時只設高等科，相當於大學預科教育層次，未開設大學專門學，主要開設了經、史、政、藝四門課程。西學專齋以教授西學為主，分預科和專科兩個階段。據〈山西大學堂創辦西齋合同二十三條〉規定，西學專齋專科設置文學、法律、格致、工程和醫學科，文學內分同文史記、地理、師範等學，法律學內分政治、財政、交涉、公法等學，格致學

25　〔加〕許美德撰，許潔英譯：《中國大學1895-1995：一個文化衝突的世紀》（北京市：教育科學出版社，1999年），頁36。

內分算學、物理、化學、電學等學，工程學內分機器、工藝、礦路、地質等學，醫學內分全體內外大小男女居宅衛生藥物等學。[26]

山西大學堂開辦之初，西學專齋也僅設預科，學習英語、數學為主的基礎學科，相當於普通學的範疇。經過三年的學習後進入專科階段，相當於本科教育層次，主要開設法律、物理、化學、採礦、土木工程等學科。一九○六年十月，西學專齋籌設專科，開設律法、格致、工程和礦學四科。然而開辦專門學之時，西學專齋的預科畢業生多去謀職，報考人數過少而變通方法，先開辦法科法律學門和工科採礦冶金學門。一九○七年九月增設理科格致學門。一九○八年八月，開設工科土木工程學門。至此山西大學堂共設置法、工、理三大學科門類，法律、採礦冶金、格致、土木工程等四個學門。尤其是山西大學堂首設格致學門，在中國近代國立大學學科建制方面，繼北洋大學堂法科、工科學科建制後新增設的理科學科門類，比京師大學堂格致科的建立還要早三年。值得一提的是山西大學堂在清末時期就已培養出法、工、理科本科畢業生。「據教育部行政紀要，（宣統）三年有法科畢業生十六名，工科畢業生十九名，理科畢業生九名，預科畢業生二十四名，」[27]民國成立之前山西大學堂本科畢業生共計四十四人。

「一九○二年九月十五日，直隸總督袁世凱恢復天津中西學堂，並就舊址改建大學，任命蔡紹基為總辦。一九○三年四月二十日，天津中西學堂校址落成，四月二十七日正式開學，改名為北洋大學堂。」[28]一場浩劫過後的大學堂重建急需大量的辦學經費。以清廷實

---

26 王李金：《從山西大學堂到山西大學（1902-1937）：探尋中國近代大學教育創立和發展的軌跡》（太原市：山西大學歷史文化學院，2006年），頁54。

27 陳翊林：《最近三十年中國教育史》（上海市：上海太平洋書店，1930年），頁121。

28 張亞群：《科舉革廢與近代中國高等教育的轉型》（武漢市：華中師範大學出版社，2005年），頁106。

力，京師大學堂的辦學經費都需要各省認解，此時的北洋大學堂的經費也只能本省籌措。

「一九〇三年北洋大學堂開學復課。當時除機器學門停辦外，分設法律、土木工程、採礦冶金三個學門……工科由四年改為三年，法科仍為四年。」[29]復辦後的北洋大學堂先辦兩年的預備班，預科生畢業後，接著辦本科教育。一九〇五年第一屆預備班學生畢業，升入正科第三班，與一九〇〇年前第一、第二班銜接。一九〇六年第二屆預備班學生畢業，升入正科第四班。此後停辦預科，從一九〇七年開始北洋大學堂進入大學正科（本科）教育階段。據光緒三十三年（1907）學堂教科表，其學科設置主要包括法律學、礦學和土木工學。一九〇八年學部對該學堂進行調查，認為「專門各班學科屬於普通者太多，屬於專門者較少。」「光緒三十四年（1908）臣部以該大學學科程度與奏章未能悉合，復令延長年限，增加課程，添聘教習，切實整頓。」[30]一九〇八年重新釐定學科時，北洋大學堂將專業學科分為法律、土木工程和採礦冶金三科，學科門類上仍繼續原來的法科和工科等應用學科。據統計，「宣統二三年間，有法科畢業生九名，工科畢業生三十五名，」[31]民國成立之前，北洋大學堂本科畢業生共計四十四人。

山西大學堂與北洋大學堂在清末就已培養出大學本科畢業生，且主要是法科、工科和理科人才，不僅適當地滿足了清廷所需內政外交

---

29 北洋大學、天津大學校史編輯室：《北洋大學、天津大學校史（第一卷）》（天津市：天津大學出版社，1990年），頁51。

30 〈宣統二年八月十八日（1910年10月1日）請簡大臣會考北洋大學堂畢業生折〉，收入朱有瓛：《中國近代學制史料・第二輯》上冊（上海市：華東師大出版社，1987年），頁975。

31 陳翊林：《最近三十年中國教育史》（上海市：上海太平洋書店，1930年），頁121。

上熟悉國際公法的法律人才與工業人才的需求，也不同程度地滿足了
當時各學堂所需師資力量，最大限度上發揮了大學堂的作用。

三　大學堂學科建制的無序狀態

　　從清末大學堂學科設置情況看，「科」一詞用法極為混亂。王李
金教授在分析山西大學堂學科設置時專門強調指出，「需要說明的
是，科既是標誌學業層次高低之科，又是標誌學科分類之科，交叉重
疊，比較混亂。」[32]如預科是指學業層次的高低，文學科指學科分
類。「科」一詞的混亂使用在京師大學堂創辦過程中也出現過，一九
〇二年到一九一〇年間，京師大學堂設置了速成科與預備科，這裏使
用的「科」是指一種學業層次的高低之分，而非學科分類。到了一九
一〇年開辦分科大學「科一門」建制後，使用的「科」才是真正意義
上學科門類的指稱。因此，清末文本中出現的「科」一詞的不同含
義，某種意義上代表了大學堂學科建制方面的混亂狀態。

　　一九〇四年〈奏定大學堂章程〉頒佈後，儘管大學堂學科建制有
據可依，但清末三所國立大學學科建制也未曾統一。京師大學堂開辦
分科大學後設置七科十三門，天津中西學堂率先創設工科和法科，恢
復辦學後設三學門，而山西大學堂卻分齋教學，中齋不分科，西齋分
設多科，設法、工、理三科四門。不論其大學本科教育層次上採用
「科一門」建制，還是只設「學門」，都真實地反映了清末大學堂學
科建制的混亂與無序局面，這與它們採納和吸收不同國家大學模式有
關聯。天津中西學堂「以美國大學為模式，以『西學體用』為辦學方

---

32 王李金：《從山西大學堂到山西大學（1902-1937）：探尋中國近代大學教育創立和發
　　展的軌跡》（太原市：山西大學歷史文化學院，2006年），頁122。

針，全面系統地學習西學。學校的一切設置，皆以美國著名學府哈佛、耶魯大學為藍圖。被時人譽為『東方的康奈爾』。」[33]其總教習丁家立在十一年的任期當中，始終堅持「西學體用」思想，管理教務，學堂的學科門類、學門方向等都以美國著名大學為藍本。按照〈奏定大學堂章程〉「科－門」規定設置的京師大學堂學科建制很大程度上採納了日本大學模式，同時兼顧中國傳統學科地位的合理性而設置了經學科。山西大學堂西學專齋的學科設置基本採用英國大學模式，隨著一九○四年後山西提學使寶熙對山西大學堂的改造，促進中西兩齋的融合，「以西齋為代表的英式教育成為山西大學堂的主流取向。」[34]這說明清末大學堂學科建制的混亂無序狀態也與大學堂淵源各異有聯繫。

第三節　京師大學堂的「科－門」建制

隨著一九○五年十二月六日成立學部，京師大學堂真正擺脫教學機構兼教育行政機構的國子監性質，具有了相對獨立的大學性質，開始籌建分科大學。受到生源、師資、經費等因素影響，經歷近五年的籌備，一九一○年三月三十一日，京師大學堂分科大學正式開學，建立了中西結合的「科－門」建制。以學科門類為基礎組成經科、法政科、文科、格致科、農科、工科和商科大學，致力於經世致用人才的培養，在學科功能的表現上，其重心在於知識的傳播，還未擴展到知識的創新與應用層面。

---

33 金以林：《近代中國大學研究：1895-1949》（北京市：中央文獻出版社，2000年），頁10。

34 王李金：《中國近代大學創立和發展的路徑——從山西大學堂到山西大學（1902-1937）的考察》（北京市：人民出版社，2007年），頁105。

一　開辦分科大學的影響因素

　　一九〇二年至一九一〇年京師大學堂未開辦大學本科教育，究其根源與其生源、師資、經費與管理等辦學條件有必然的聯繫。

（一）生源儲備不足

　　從生源儲備看，省學堂未成形，京師大學堂沒有學習專門學的合格生源。一九〇二年二月十三日（光緒二十八年正月初六日），管學大臣張百熙奏〈籌辦大學堂情形折〉，已經說明了暫不設專門學的想法：「從前所辦大學堂原係草創，本未詳備，且其時各省學堂未立大學堂，雖設不過略存體制仍多未盡事宜……通融辦法惟有暫且不設專門，先立一高等學校，功課略仿日本之意，以此項學校造就學生為大學之預備科……三年之後預備科所造人才與各省學堂卒業學生一併由大學堂考取升入專門。」通常而言，預科教育是針對高等教育與普通教育的銜接問題採取的一種彌補性措施，隨著大學與中學的有效銜接，預科教育將失去存在的價值。京師大學堂復辦後不設專門學，先辦預備科與當時還未建立完整的基礎教育體系有必然的聯繫。

　　大學堂預備科在緊缺合格生源的情形下，京師大學堂不得已在預備科之前先設速成科，為的是應付眼前急需的經世致用人才與師資儲備。仕學館主要招收官員，使其接受新教育，師範館主要招收參加科舉考試的舉貢生監，畢業後不但可以補充師資短缺問題，還能授他們以相關職位，為朝廷效力。隨著科舉考試科目遞減與科舉廢止，清末社會出現了一批「科舉浪人」，浪人原本形容到處流浪居無定所的日本窮困武士，而用在清末科舉廢止後出現的因常年備考而失業的學子身上也不為過。「因科舉剛廢、學堂乍興，符合入學條件者少而過時失學者眾，因而只得暫定變通考選辦法。如高等學堂可酌選品行端

謹，中國經史文學確有根柢者，入讀預科。」[35]一九〇五年後京師大學堂才辦起預備科，真正意義上開始為大學堂專門學的興辦儲備合格人才。

(二) 合格師資短缺

大學堂復辦一年後，管學大臣意識到「中國大學分科，照目前物力士風而論，求其規制完備程度高深，恐非三、四年所能猝辦。」[36]引起管學大臣感慨的不僅有合格生源問題，還有符合條件的師資問題。師生乃是大學的主體，培養什麼樣的人與誰來培養的問題同等重要。

從師資條件看，京師大學堂恢復辦學時期，中西兼通的合格教師短缺。從梁啟超分析的中國學人之大弊中可見一斑，「治中學者則絕口不言西學，治西學者亦絕口不言中學，既不講義理，絕無根底，則浮慕西學，必無心得，只增習氣」。據吳相湘，劉紹唐《國立北京大學紀念刊（民國六年廿週年紀念冊下）》前任職員錄（乙類）記載，一九〇二年至一九〇六年速成科正、副教習均為日本人。教習是一種學官名，從明代沿用至清末。明代訓課庶起士稱為教習，先後由學士或禮部、吏部侍郎充當過教習。清朝雖沿用教習稱謂，到了清末興辦新式學堂後，教師也稱為教習。但從教員的獨立稱謂看，此時的教習還是有一定的學官地位。當時正教習是岩谷孫藏與服部宇之吉，副教習是杉榮三郎與太田達人，漢文教習三人。岩谷孫藏和服部宇之吉是張百熙於一九〇二年九月聘請的京都帝國大學法科大學教

---

35 張亞群：〈科舉革廢與中國高等教育近代化的特徵分析〉，《集美大學教育學報》2000年第4期（2000年），頁2。

36 〈管學大臣張百熙等奏請選派學生赴東西洋各國遊學折〉（光緒二十九年十一月初三日（1903年12月21日）），收入北京大學、中國第一歷史檔案館：《京師大學堂檔案選編》（北京市：北京大學出版社，2001年），頁206。

授和東京帝國大學文科大學助教授，杉榮三郎、太田達人是服部宇之吉招聘來的日本教師。[37]

京師大學堂教員構成中，中國文教員六人，外文教員五十三人。外文教員中英文教員十六人，法文教員九人，德文教員十人，東文教員十五人，俄文教員三人。經學、史學之外多個學科教員均由東文教員兼職，具體兼職科目包括植物礦物農學、論理心理、算學、圖畫、世界史、倫理、外國地理、代數、幾何、化學、動物生理學、物理數學、植物學、動物學、農學等。可見，數學、物理、化學、植物學、動物學在內的自然科學教育基本由日本教員擔任。中西教員數量的懸殊比例和東文教員的兼職情況，從一個側面證明當時京師大學堂合格師資短缺現狀。

「中學為體，西學為用」為教育宗旨的年代，全部聘請外國師資不合體統，即使不顧教育宗旨，也沒有那麼多的經費可以聘請外國師資。因此，清廷致力於遊學教育，主要目的是派遣中學根柢紮實而天資聰慧的學員到東洋和西洋學習專門學，以備中西兼通合格師資的培養與儲備。京師大學堂開始預訂從速成科學生中選擇三十一人赴日遊學，十六人赴西洋遊學，學期七年，所需費用預計西洋十餘萬兩、日本九萬餘兩。一九〇三年十二月二十一日（光緒二十九年十一月初三日）朝廷在〈著擇優選派學生出洋遊學諭旨〉中給出的答覆是師範館學生是遊學中首要考慮的群體，令管學大臣詳細考察「心術純正、學問優長者」分班派出遊學。「三十二年資遣師範第一類畢業生前赴西洋留學。計留學美國者四名，留學法國者一名，留學英國者一名。」[38]

---

37 〔法〕巴斯蒂：〈京師大學堂的科學教育〉，《歷史研究》1998年第5期（1998年），頁51。

38 〈沿革一覽：學生〉，收入吳相湘、劉紹唐：《國立北京大學紀念刊（民國六年廿週年紀念冊上）》（臺北市：傳記文學出版社，1971年），頁89。

按照七年學習期限，培養大學堂所需中西兼通的師資力量，正常也在民國時期才能培養出來。一九○七年五月七日（光緒三十三年三月二十五日）「學部奏官費遊學生回國後皆令充當專門教員五年折，」[39]折中明令，選派遊學生畢業歸國充當專門教員五年，以盡義務，五年期限未滿之前，不得調用其它差使。京師大學堂派遣遊學生主要目的還是補缺師資不足狀況。師資儲備原本屬於預期行為，用到時才去培養，未免顯得太過滯後。這也說明，按照西方大學模式創辦京師大學堂實屬應急舉措，是時代變革的歷史產物，也難怪人力條件如此欠缺。

（三）經費嚴重不足

從辦學經費看，嚴重不足的經費條件直接影響到京師大學堂專業學科建設所需的校舍、書籍、儀器設備等。一九○二年復辦京師大學堂時，其常用經費是戶部存放華俄道勝銀行庫平銀五百萬兩年生息款項，計京平銀二十萬零六百三十兩。經費來源的單一性與有限性直接影響到大學堂圖書、儀器、設備等硬體的改善與提高師資力量所需的財經條件的提升。為了改善辦學經費嚴重不足狀況，時任管學大臣張百熙提出「各省理宜合籌經費撥濟京師。應請飭下各省督撫大省每年籌款二萬金，中省一萬金，小省五千金，常年撥解京師大學堂。」[40]其理由是當時有條件的直省也在派遣遊學生，投入的經費也不少，既然可以送出學習，也可以送入京師大學堂。何況京師大學堂專門正科本來是各省高等學校畢業生諮送肄業之地。據此各省根據情況認解京

39　王學珍等：《北京大學紀事：1898-1997》（北京市：北京大學出版社，1998年），頁17。

40　〈管學大臣張百熙奏陳籌辦大學堂情形折〉（光緒二十八年正月初六日（1902年2月13日）），，收入北京大學、中國第一歷史檔案館：《京師大學堂檔案選編》（北京市：北京大學出版社，2001年），頁109。

師大學堂經費也不是沒有道理的。清廷辦學經費拮据狀況，從同文館歸併於京師大學堂這一事件中也能投射出來。一九〇二年一月十一日，清政府諭旨令將京師同文館歸併於京師大學堂，在京師大學堂預備科和速成科中專設英、法、德、美、日五國語言文字專科，也是出於同文館辦學經費未著落採取的一種變通法，可見，當時籌措辦學經費是一件棘手的問題。

（四）管理事務繁重

起初的京師大學堂，如同中國古代國子監，不僅是一所國立大學，同時也是掌管全國教育事務的最高教育行政機關，兼教學機構與教育行政機構為一體。管學大臣既管理大學堂事務，又管理外省各學堂事務，事繁責重，很難專心建設大學堂專業學科。在張百熙奏請下，一九〇四年一月十四日開始京師大學堂管理職能細化，分化出學務大臣和總監督，派大學士孫家鼐充學務大臣，大理寺少卿張亨嘉著充京師大學堂總監督，前者致力於全國教育事務，後者專司大學堂事務，進而京師大學堂的管理進入專門化階段。「三十年正月（1904年2月）改刊管學大臣印，為京師大學堂總監督印章。至是大學始成獨立機關云。」[41]一九〇五年十二月六日，清朝中央教育行政機構——學部正式成立，意味著京師大學堂不再兼管全國教育事務，致力於大學的建設與管理，擺脫了教育行政機構的性質，真正意義上變成單一的高等教育機構，專業學科的建設才有可能成為工作的重心。

---

41 〈沿革一覽：學生〉，收入吳相湘、劉紹唐：《國立北京大學紀念刊（民國六年廿週年紀念冊上）》（臺北市：傳記文學出版社，1971年），頁74。

二　分科大學的籌辦過程

「分科大學與單科大學不同，單科大學僅設一科，分科大學則分設數科，」[42]京師大學堂分科大學的建立是京師大學堂本科教育的真正開端。京師大學堂分科大學從籌辦到正式建立歷經了五年時間。對於一個具有百年歷史的古老大學而言，五年時間不過是培養一屆學生的光陰而已，而對於創建時期的新式大學而言，五年又是何等的漫長與艱辛。一九〇五年八月十五日（光緒三十一年七月十五日）時任大學堂總監督張亨嘉在〈奏陳分科大學宜擇地建置折〉中提出分科大學的籌建問題。他認為既然已經設置預備科，也按照高等學堂的程度進行教學與管理，已經為開設專門學提供了根基，同時各省高等學堂也開始運行，再過一二年，預備科與高等學堂畢業生中優等生完全可以進入分科大學。

一九〇五年底學務處批示，將德勝門外操場地方賞給大學堂，先辦政法科、文學科、格致科、工科，以備大學預科及各省高等學堂畢業生考取入學。一九〇八年八月十三日，正式出臺德勝門外建分科大學通告，稱「德勝門外黃寺地方……奏准作建築分科大學之地……本部現擇於本月二十日前往動工。」[43]同年學部準京師大學堂在阜成門外望海樓地方作農科大學農事試驗場。然而一九〇九年京師大學堂分科校舍還沒落成，而預科生已經畢業，應急之計暫設經科和文科兩班。一九〇九年四月十五日（宣統元年閏二月二十五日）學部奏分科大學監督折，「以柯劭忞充經科大學監督，林棨充法科大學監督，孫雄充文科大學監督，屈永秋充醫科大學監督，汪鳳藻充格致科大學監

42　唐鉞、朱經農、高覺敷：《教育大辭書》（上海市：商務印書館，1930年），頁134。
43　王學珍等：《北京大學紀事：1898-1997》（北京市：北京大學出版社，1998年），頁19。

督，羅振玉充農科大學監督，何燏時充工科大學監督，權量充商科大
學監督。」[44]

　　一九一〇年一月十日（宣統元年十一月二十九日），學部奏〈籌
辦京師分科大學情形折〉，經、法政、文、格致、農、工、商七科暫
就內城馬神廟大學堂校舍先行開辦。醫科監督屈永秋「尚在北洋管理
醫院未能完成各項準備而推遲開學。」[45]當時規定的分科大學學生入
學資格為：

> 經科：除大學堂預備科畢業生志願請入外，另以各省保送之舉
> 人優拔貢考選升入；
> 法政科：以師範第一類學生及譯學館畢業學生、預科法文班學
> 生升入；文科：以師範第二、三類學生升入；
> 格致科：以預科德文班學生升入；
> 農科：以師範第四類學生升入；
> 工科：以預科英文班學生升入；
> 商科：以譯學館學生及師範第一類學生升入。[46]

如上所述，七科學生均從預科和師範館學生中錄取，「格致科在預科
德文班畢業學生中招收新生，其理由據說是德國的科學最先進。」[47]

---

44 〈北京大學沿革〉（1918年），收入潘懋元、劉海峰：《中國近代教育史資料彙編‧
　　高等教育》（上海市：上海教育出版社，2007），頁378。

45 〔法〕巴斯蒂：〈京師大學堂的科學教育〉，《歷史研究》1998年第5期（1998年），
　　頁53。

46 〈沿革一覽：學生〉，收入吳相湘、劉紹唐：《國立北京大學紀念刊（民國六年廿週
　　年紀念冊上）》（臺北市：傳記文學出版社，1971年），頁88-89。

47 〔法〕巴斯蒂：〈京師大學堂的科學教育〉，《歷史研究》1998年第5期（1998年），
　　頁53。

原本經科為中國傳統學科，隨著科舉廢止，人們學習經史之學的熱情下降，大學堂經科招收合格生源成為問題，為此要求各省從以往科舉考試選拔出的舉人、拔貢、優貢中選送經學基礎紮實者，以備經科大學考試選拔。由此經科不僅從預科畢業生中招生，還可招收各省舉人優拔貢。

　　一九一〇年三月三十一日（宣統二年二月二十一日），京師大學堂分科大學正式開學，「現在七科學生陸續入堂，至四月十九日止，共三百八十七人，惟直隸省人占最多數，新疆省尚無一人。」[48]據《北京農業專門學校沿革志略》，農科大學到了宣統二年（1910）八月才開設，比其它各科稍晚些。

三　中西結合的「科─門」建制

　　京師大學堂分科大學是中國近代大學以學科門類為基礎建立的最早的學科組織，其「科─門」建制是中國近代國立大學學科建制的開端。「科是指近代中國高等學校按學科分設的教學行政組織，門是指近代中國分科大學堂及大學供學生學習的專門領域。」[49]通俗地解釋為，「分科相當於後來的學院，科下又分門目，相當於後來的係。」[50]由此可見，「科─門」建制相當於學院下設學系的學科組織結構。

（一）貫徹「中體西用」思想

　　〈奏定大學堂章程〉中一再強調，學科設置要體現「中學為體，

48　〈《教育雜誌》記宣統二年分科大學情形〉，收入朱有瓛：《中國近代學制史料‧第二輯》上冊（上海市：華東師範大學出版社，1987年），頁859。

49　《教育大辭典（第3卷）‧高等教育》（上海市：上海教育出版社，1991年），頁97。

50　蕭超然：〈京師大學堂創辦述略〉《北京大學學報（哲學社會科學版）》1985年第1期（1985年），頁123。

西學為用」的基本思想。京師大學堂在創設分科大學之前，速成科和預備科教育中已貫穿該思想，「中國教育宗旨智慧必取資歐美而道德必專宗孔孟凡經籍所傳之義理，秦漢唐宋明以來儒家之論說必抉其精密切要者以德育之本。」[51]分科大學學科結構中同樣看到「中體西用」特徵。

　　京師大學堂分科大學具體分為經科、法政科、文科、格致科、農科、工科和商科等七科，「科」下設「門」具體包括，經科的毛詩學、周禮學、春秋左傳學，法政科的法律和政治，文科的中國文學和外國文學，格致科的化學和地質學，農科的農學，工科的土木工學和採礦及冶金學，商科的銀行保險學等十三門。分科大學「科—門」建制，構成了學科門類和一級學科在內的大學學科結構。對比〈奏定大學堂章程〉規定的科—門設置，見圖3-1。

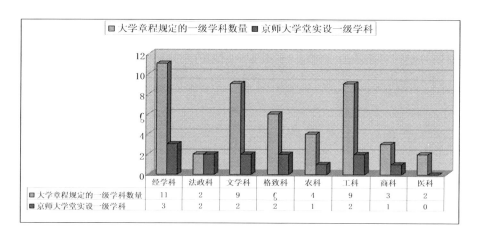

圖3-1　奏定大學堂章程規定與京師大學堂設置的一級學科比較圖

51 〈大學堂總監督張亨嘉奏報預備科並招師範生折〉（光緒三十一年正月三十日（1905年3月5日））收入北京大學、中國第一歷史檔案館：《京師大學堂檔案選編》（北京市：北京大學出版社，2001年），頁262。

如圖所示，〈奏定大學堂章程〉規定的分科大學學科編制為八科、四十六門，而京師大學堂分科大學實際學科建制為七科十三門，比章程規定少一科三十三門。未設學科門類是醫科，未設一級學科有三十三門，排除醫科下設二門，實際缺少三十一門。「門」的設置與章程規定反差幅度較大的分別是經科、文科和工科。經科下設一級學科僅有三門，比章程規定減少八門，占未設一級學科總數的四分一。這源自一九〇五年九月二日（光緒三十一年八月初四日）廢止科舉制度，導致清末學子學習經學的積極性直接受挫，進而影響到經科的建設。文科與工科分別各少設七門，依次為格致科少設四門，農科少設三門，商科少設二門。只有法政科按照大學堂章程規定完整地設置了法律和政治兩門，但學科門類稱呼將原來〈奏定大學堂章程〉中的「政法科」，改稱「法政科」，使政治和法律的位置調換為法律和政治，似乎預示著法律在國家建設中的作用越發重要。

各分科大學具體學科構成比例中，經科的毛詩學、周禮學、春秋左傳學和文科的中國文學等四門屬於中國傳統學科成分。法政科的法律和政治中有一小部分科目，如《大清會典要義》、《中國古今歷代法制考》、《大清律例要義》、《中國歷代刑律考》、《中國古今歷代法制考》等涉及到中國傳統學科成分之外，其它科目基本屬於西學範疇。如此看來加上法政科的法律和政治、文科的外國文學，格致科的化學和地質學，農科的農學，工科的土木工學和採礦及冶金學，商科的銀行保險學等九門均屬於西方學科範疇，是為獲得西方科學、技術以及可能帶來的經濟和社會利益而設置。數量上西學佔據優勢，但「以上各科各門，均兼學『四書』及《大學衍義》、《衍義補》節本，以正趨向而厚根柢。」[52]歸根到底，學習西學必先以中學鞏固其學術基礎，

52　〈學部：奏籌辦京師分科大學並現辦大概情形折〉（1910年1月10日），收入潘懋

以四書來端正人心。

　　從學科結構總體構成看，「科─門」建制的「中體西用」特徵較突出。以學科門類排列順序為其重要性的體現來看，經科排在首位，是如何「治國平天下」的基礎，顯示了對中國傳統學科的重視。從學科門類組合方式看，分科大學的學科門類基本遵循了從中學到西學的排列順序。所以分科大學「科─門」建制在整體學科組織結構上，「中體西用」思想貫穿始終。

（二）重應用、輕學理的傾向

　　「在大學的學科體系中，眾多的學科從性質上可以區分為基礎學科和應用學科兩大類。前者如數、理、化、天、地、生、文、史、哲等，後者如工、農、醫、經濟、管理、教育、法律等，」[53]前者注重學理探究，後者注重知識的實用價值。京師大學堂分科大學學科門類中若不去考慮中西學科範疇問題，從客觀知識角度，對其價值做分析，法政、農、工、商科是典型的注重知識實用價值的學科門類，即應用學科。文科和格致科注重學理，發現原理為主，屬於基礎學科。

　　經學科到底該歸哪類是一個問題。〈奏定大學堂章程〉規定「研究經學者，務宜將經義推之於實用。」[54]所以，毛詩、周禮、春秋左傳在內的經學應該屬於應用學科的範疇。按照這一標準看，京師大學堂分科大學設置的十三門一級學科中政治、中國文學、外國文學、化

　　元、劉海峰：《中國近代教育史資料彙編‧高等教育》（上海市：上海教育出版社，2007），頁41。

53　馮向東：〈張力下的動態平衡：大學中的學科發展機制〉，《現代大學教育》2002年第2期（2002年），頁70。

54　〈奏定大學堂章程（附通儒院章程)〉（光緒二十九年十一月二十六日（1904年1月13日)），收入璩鑫奎、唐良炎：《中國近代教育史資料彙編‧學制演變》（上海市：上海教育出版社，2007年），頁350。

學和地質學為基礎學科，占總數的百分之二十八點五；毛詩學、周禮學、春秋左傳學、法律、農學、土木工學、採礦及冶金學和銀行保險學為應用學科，占總數的百分之六十一點五。應用學科的比例大大超出基礎學科比例。因此從整體學科分佈情況看，當時的學科設置具有重實用、輕學理的傾向，體現了一種功利主義色彩。因為「從科學學的角度看，應用學科是基礎學科在社會生產和生活中的運用，它以直接的功利為指向，容易帶來經濟效益和社會效益。」[55]

　　從民初畢業生統計中可以看到京師大學堂後期分科大學學科建制與起初的「科一門」規定稍有變化。一九一〇至一九一二年分科大學學科建製圖如下：

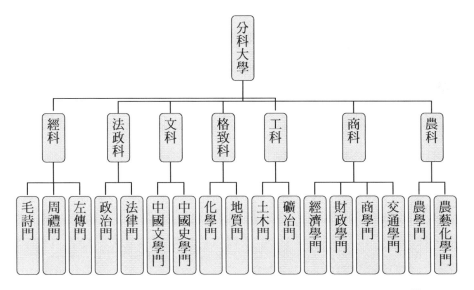

圖3-2　一九一〇至一九一二年京師大學堂分科大學機構[56]

55 龐青山：《大學學科結構與學科制度研究》（上海市：華東師範大學，2004年），頁56。

56 國立北京大學，吳惠齡：《北京高等教育史料第一集（近現代部分）》（北京市：北京師範大學出版社，1992年），頁10。

如圖所示，一九一二年時分科大學設七科十七門，比較一九一〇年初學科建制，在學門數量上多出四門。對比的結果，一九一二年學科建制中少了外國文學和銀行保險學二門，多了中國史學、經濟學、財政學、商學、交通學和農藝化學等六門。與一九一三年五月的畢業生統計相核對，中國史學門和農藝化學門是在一九一〇年時陸續增設的學門。從學科的學理與應用角度而論，新增六個學門中除了中國史學之外的五門均屬於應用學科範疇，從而在應用學科的比例上分科大學末期更突顯。值得一提的是經濟學、商學、交通學等應用學科，從〈奏定大學堂章程〉中科一門下設的科目之一，變成分科大學下設獨立的一級學科，從學科地位的提升而論是一次突破。

四　分科大學的學科組織特性

分科大學作為按學科門類分設的教學行政組織，開創了培養人才為基本職能的中國近代國立大學學科組織的先河。根據一般組織原理，大學學科組織是為了實現特定目標建立的由機構、人員、制度等要素組成的大學基層學術系統。

不同於古代「學而優則仕」的教育目的，大學堂規定其培養目標是「端正趨向，造就通才」。這裏的「通才」在清末特指通達中外治學，推行新政的人才。前者側重於官本位角度強調教育的培養目標是做官。後者側重於社會本位角度強調教育的社會功能，培養的是懂得學理，並會實用，應以治事、救世之才。從其根源而論，「新教育的根本動機只在救國自強，所以受過這種教育的人自然要注意國家情形，加深國家觀念，而不只是老在八股時文或四書五經中討生活。」[57]因

---

57 陳翊林：《最近三十年中國教育史》（上海市：上海太平洋書店，1930年），頁166。

此，分科大學的培養目標就是造就經世致用之才，所學學問有益於治事救世，關注社會現實問題，結合所學知識能解決社會矛盾與現實問題的治理世事之才。京師大學堂人才培養目標所體現的社會本位傾向，突破了長期以來形成的教育的官本位傾向，受教育不僅是為當官，更重要是通過教育為社會政治、經濟服務。

　　人才培養方面，一九一〇年開辦的分科大學，「在辛亥革命以前只有預備科畢業生一百二十人，尚無本科畢業生。」[58]宣統三年十月，京師大學堂學務停頓，同年冬天，學款移作軍費，大學遂無形停辦。據《國立北京大學紀念刊（民國六年廿週年紀念冊下）》畢業同學錄記載，最早的一批分科大學生於一九一三年五月畢業，共計二三五名：文科史學門甲等二十九名，選科生一名（菊川龜次郎），文學門甲等二十八名，乙等五名；經學毛詩門甲等十三名，選科生（淺井周治）一名，經學周禮門甲等六名，乙等一名，經學左傳門甲等十四名，乙等一名；理科地質門甲等二名；法科法律學門甲等五名，乙等六名，丙等一名，政治學門甲等五名，乙等三名，丙等四名；商科銀行學門甲等八名，乙等十四名，丙等七名；農科農學門甲等八名，乙等十五名，丙等四名，農藝化學門甲等六名，乙等六名，丙等五名；工科土木門甲等九名，乙等八名，採礦冶金門甲等三名，乙等八名，丙等九名。按照一九一三年的畢業生統計，京師大學堂分科大學共培養出經科三十六人，文科六十三人，法政科二十四人，格致科二人，農科四十四人，工科三十七人，商科二十九人。

　　學科組織管理方面，京師大學堂分科大學採用總監督負責，部門分工的管理模式。每科設監督一人，受大學堂總監督管轄。監督下設教務提調、庶務提調和齋務提調，分別管理本學科門類的教學、總務

58　陳翊林：《最近三十年中國教育史》（上海市：上海太平洋書店，1930年），121。

和學生管理事務，類似於現在大學裏的教務處長、總務處長和學生處長等行政職務。教務提調下設正副教員，庶務提調下設文案官、會計官和雜物官，齋務提調下設監學官、檢查官和衛生官。為了保證學科組織及其成員有效地行駛職權和履行職責，需要制定相關制度加以約束和規範。從人員構成和組織管理角度看，各分科大學相當於一個獨立的教學行政組織，在京師大學堂總監督管轄下各司其職。然而初建時期分科大學各方面條件均有限，學科人員配置出現兩科共設一個教務提調或分科大學監督全權負責的情況。

查奏定章程，每科監督之下均設現在科目既未全設，學生也尚不多，教務提調一差，視事之繁簡，或兩科共設一員，或暫以監督兼攝。其庶務、齋務均設總提調一員，俟將來科目一律完備，學生人數增多，再照定章按科分設。[59]

據《國立北京大學紀念刊》第二冊前任職員錄甲類記載，經科和文科共設一名教務提調，在宣統元年五月至民國元年四月，由章梫任經文科教務提調，期間宣統二年六月至宣統三年十一月由譚紹裳任該職。法政科和商科共設一名教務提調，在宣統二年正月至民國元年四月，由李盛衛任法商科教務提調。其它各科教務提調有：宣統元年五月至民國元年四月，由王季點任格致科教務提調，范鴻泰任工科教務提調，而沒有農科教務提調的記載，只有宣統元年五月至民國元年四月，由范兆經和梁賚奎擔任過農科試驗場場長的記載。

有關正副教員的任職資格，〈奏定任用教員章程〉規定大學堂分科正教員應該由通儒院畢業生充當或由國外大學院（相當於研究生院）畢業並獲得畢業文憑的人員充當；副教員由將來大學堂分科畢業

---

59 〈學部：奏籌辦京師分科大學並現辦大概情形折〉（1910年1月10日），收入潘懋元、劉海峰：《中國近代教育史資料彙編‧高等教育》（上海市：上海教育出版社，2007），頁42。

的優等生中選拔任用或由國外大學畢業並獲得優等中等文憑的人員充當。「暫時除延訪有各科學程度相當之華員充選外，餘均擇聘外國教師充選，」[60]正教員要教授學生，指導研究，副教員協助正教員，二者均聽分科監督和教務提調考察。

在〈學部：奏籌辦京師分科大學並現辦大概情形折〉中擬設正副教員人數為「經科：毛詩教員二人、周禮教員二人、左傳教員二人、『四書』學教員二人。法政科：本國教員三人、英文和法文正教員各一人、副教員各一人。文科：中國教員三人、外國教員三人。格致科：化學正教員一人、副教員二人，地質學正教員一人、副教員一人。工科：土木工學正教員一人、副教員一人，採礦及冶金學正教員一人、副教員一人。商科：本國教員一人、英文正教員一人、副教員一人。農科：農學教員三人。」[61]據《國立北京大學紀念刊》第二冊前任職員錄乙類中的記載，在宣統二年正月時擔任經文科教員十一人：宋發祥、桂邦傑、林紓、郭立山、饒橒齡、江瀚、陳衍、胡玉縉、馬其昶、姚永樸、夏震武，理工科教員四人：顧澄、梭爾格、士瓦爾、艾克坦，法政科教員四人：王家駒、程樹德、芬來森、李方，農科教員三人：藤田豐八、橘義一、小野孝太郎，商科教員二人：陸夢熊和楊德森。數量上與一九一〇年一月擬設正副教員數量沒有多大出入，工科有外籍教員，農科全部是日籍教員。中國近代著名農學家沈宗翰評價京師大學堂農科大學教育時說：「聘請日人教授，用日文講

60　〈奏定任用教員章程〉（光緒二十九年（1903）），收入舒新城：《中國近代教育史資料・上》（北京市：人民教育出版社，1981年），頁341。

61　〈學部：奏籌辦京師分科大學並現辦大概情形折〉（1910年1月10日），收入潘懋元、劉海峰：《中國近代教育史資料彙編・高等教育》（上海市：上海教育出版社，2007），頁42。

義及日本圖表標本講解學理，對於中國農業問題殊少實地研究。」[62]
中國偌大的農業國家，在高深學問方面竟然沒有農科本土實地研究，
由此可見，分科大學學科設置中經科、文科之外幾乎是西方學科的
移植。

　　如何評價大學學科組織呢，學者們強調「學科組織是以知識的創
造、傳播和應用為使命，以學者為主體，以知識信息和各類學術資源
為支撐，依據知識的具體分類而開展科學研究、人才培養及社會服務
的大學基層學術組織。」[63]也就是說一個有效的大學學科組織系統不
僅是知識傳播陣地，更重要是它要完成知識創造與知識應用的使命，
完成大學所應承擔的人才培養、科學研究與社會服務職能。雖然以成
熟期標準衡量開拓期學科組織系統，未免會有本末倒置的嫌疑，但卻
從其差距中感受到開拓之難與發展之不易還是有它一定的參考價值。

　　以學科門類為基礎建立的分科大學，雖具有專門管理人員和正副
教員，對學科功能的體現還是僅限於傳遞知識，尚未提到從事相關學
術研究活動的層面上。救亡圖存之時，知識的傳授是當務之急，何況
此時的大學還未定位為「研究高深學問之場所」，經世致用人才的培
養是朝廷力挺京師大學堂的根本所在。由此推斷，此時的分科大學主
要精力在於傳播知識，根本不可能也沒有條件去創造和發現知識。因
此，分科大學致力於人才培養，至於科學研究和社會服務不在其考慮
範圍中。按照〈奏定大學堂章程〉，通儒院屬於最早設想的研究人員
培養機構，「通儒院，可以算是一種研究學術的機關。但這是法國法
蘭西學院英國皇家學院的成例，專備少數宿學，極深研幾，不是多數

---

62 沈宗翰：〈中國近代農業學術發展概述〉，收入錢穆等：《中國學術史論集（三）》
　　（臺北市：中華文化出版事業社，1956年），〈本篇〉，頁2。

63 宣勇、淩健：〈「學科」考辨〉，收入《高等教育研究》2006年第4期（2006年），頁
　　21。

學者所能加入的。」[64]只可惜就連少數學者才能進入的研究機構還沒來得及運行，清廷垮臺，京師大學堂分科大學這一學科組織的學術性也就無從談起。

　　國家力量促成的京師大學堂，使大學成為傳播知識的主要陣地，並引導人們注重學科知識的經世致用價值，把學科當做為社會政治現實服務的工具，學科建制「並不是其內在觀念建制自然發展的結果，而主要是為了服務外在社會需要而人為催生的『早產兒』。」[65]就學科功能而論，此時重心在於知識的傳播，還未擴展到知識的生產與創新層面，也因此談不上分科大學學科建制對於大學科學研究和社會服務職能的影響。

64　蔡元培：〈北京大學國學研究所一覽序〉，《北京大學日刊》（1925年6月27日），頁2。

65　劉小強：〈關於高等教育研究的「學科模式」的反思〉《高教探索》2011年第5期（2011年），頁6。

第四章
民國初期國立大學的學科建制

　　民國的成立對中國近代大學的學科發展產生了深刻影響。正如陳平原所言：「要說『西化』，最為徹底的，也最為成功的，當推大學教育。學科設置、課程講授、論文寫作、學位評定等，一環扣一環，已使天下英雄不知不覺中轉換了門庭。」[1]的確如此，傳統學科的近代轉型在清末大學堂中表現出端倪，民初大學中實現了「西化」。國立大學按照〈大學令〉「七科之學」的規定建立了學科體系的同時，結合人才培養的需要，改革「科一門」建制，國立北京大學率先採用學系建制，國立東南大學創建了「科一系」建制。國立大學不僅致力於人才培養，還以學科為基礎建立研究所，發展了大學的科學研究職能。

第一節　經學科的廢除與「七科之學」的確立

　　民國「臨時政府三個月結束，而中華民國全部學制草案，實於此時大略完成。」[2]一九一二年十月和一九一三年一月陸續頒佈實施的〈大學令〉、〈大學規程〉對大學學科的規定，突破了〈奏定大學堂章程〉中西結合的「科一門」規定，經學科失去獨立學科地位，「格致科」改稱「理科」，建立文、理、法、商、醫、農、工「七科之學」，

1　陳平原：《中國現代學術之建立：以章太炎、胡適之為中心》（北京市：北京大學出版社，1998年），頁18。

2　璩鑫奎、唐良炎：《中國近代教育史資料彙編・學制演變》（上海市：上海教育出版社，2007年），頁638。

學科規定沿著西方學科的套路在發展，大學學科的正當性基本以近代西方學科分類為標準。〈大學令〉還明確提出大學多學科文理綜合標準，奠定了中國近代大學學科制度的基礎。

一　從大學法規看學科體系的特點

一九一二年十月二十四日頒佈的〈大學令〉和一九一三年一月十二日頒佈的〈大學規程〉對大學學科編制的規定具有開創性，不但確立了文、理、法、商、醫、農、工七科為基礎的大學學科體系，還首次提出大學學科設置標準，規範了大學的稱謂，奠定了中國近代大學學科基礎。

（一）經學科獨立學科地位的缺失

對比〈奏定大學堂章程〉中學科體系的規定，民初大學學科體系有諸多變化，最大的改變是學科門類中經學科被取締。經學不再是一種學科門類，失去其獨立學科地位，附屬於文科，分解在哲學、文學和歷史學下設二級學科中，或者成為二級學科下設科目之一，或者變成科目中具體內容之一，成為普通歷史文獻資料。

〈奏定大學堂章程〉規定的經學科下設十一門，分別是周易學、尚書學、毛詩學、春秋左傳學、春秋三傳學、周禮學、儀禮學、禮記學、論語學、孟子學和理學。民初〈大學規程〉中《周易》、《毛詩》、《禮記》、《春秋‧公、穀傳》、《論語》、《孟子》、《周秦諸子》、《宋理學》等包含在哲學一級學科下設中國哲學二級學科下面的中國哲學科目中；《尚書》、《春秋左氏傳》包含在歷史學一級學科下設中國史二級學科下的中國史科目中；《周禮》包含在歷史學一級學科下設東洋史二級學科下面的法制史科目中；《爾雅學》成為文學一級學

科下設國文學二級學科下面的具體科目之一。由此可見,《爾雅學》成為一門課程之外,其它經學科各門均變成中國哲學、中國史、法制史等課程的具體構成內容。

　　從經學科失去獨立學科地位的現實看,民國時期大學學科體系中,中國傳統學科地位急劇下降,西方學科佔據主導地位,「中體西用」思想再不能主宰教育領域。相對而言,〈奏定大學堂章程〉中經學科不僅排在八大學科門類之首,體現了「中學為體」的基本宗旨之外,「格致科」一詞的採用也極力表現出中國傳統文化色彩。而民初〈大學規程〉中已看不到它們的痕跡,取而代之的是文、理科,大學學科將開始按照國際通行的學科體系運行。學科編排原則也從〈奏定大學堂章程〉中「中學」到「西學」的順序,改成基礎學科到應用學科的順序。從學科發展先後順序看,基礎學科在先,應用學科在後,應用科學是運用基礎理論科學的研究成果為社會現實服務的,必須以基礎學科為其前提,體現了科學發展的內在邏輯。之後中國近代有關大學制度中大學學科編排原則基本上沒有超越該法則。

(二)形成七科為基礎的大學本科學科體系

　　「本科」一詞在中國近代制度文本中最早出現於一九一二年〈大學令〉中。〈大學令〉第九條規定,大學預科修業期滿,試驗及格,授以畢業證書,升入本科。通常而言「預科為大學和學院培養新生的機構之一。或單獨設立,或為大學和學院的組成部分。」[3]它屬於大學教學層次,專指中學與大學之間的一種特定的教育階段,是培養合格大學新生的重要環節。顯然大學「本科」相對於「預科」而言特指「正科」,是獲得相應的畢業證書或學位證書的大學全日制教學階段。

3　《辭海・教育學心理學分冊》(上海市:上海辭書出版社,1987年),頁21。

　　一九一二年〈大學令〉明確規定大學以教授高深學術，養成碩學
閎材，應國家需要為宗旨，大學分文、理、法、商、醫、農、工七
科。一九一三年〈大學規程〉詳細規定，大學學科體系由科－門－
類－科目四級構成，相當於當今的學科門類、一級學科、二級學科和
課程四部分。具體包括七大學科門類、三十九個一級學科、十二個二
級學科和若干課程（科目總數為1105），見表4-1。

表4-1　一九一三年一月十二日部令第一號〈大學規程〉第二章規定之學科及科目表

科	門	類	科目數量	科	門	類	科目數量
文	哲學	中國哲學	16	商	銀行學	-	32
		西洋哲學	16		保險學	-	26
	文學	國文學	13		外國貿易學	-	32
		梵文學	11		領事學	-	27
		英文學	11		關稅倉庫學	-	28
		法文學	11		交通學	-	31
		德文學	11	醫	醫學	-	51
		俄文學	11		藥學	-	52
		意大利文學	11	農	農學	-	36
		言語學	12		農藝化學	-	30
	歷史學	中國史及東洋史學	15		林學	-	41
		西洋史學	12		獸醫學	-	40
	地理學	-	13	工	土木工學	-	28
理	數學	-	16		機械工學	-	22
	星學	-	20		船用機關學	-	21

科	門	類	科目數量	科	門	類	科目數量
	理論物理學	-	14		造船學	-	20
	實驗物理學	-	14		造兵學	-	27
	化學	-	13		電氣工學	-	25
	動物學	-	21		建築學	-	27
	植物學	-	21		應用化學	-	23
	地質學	-	21		火藥學	-	25
	礦物學	-	22		採礦學	-	32
法	法律學	-	19		冶金學	-	32
	政治學	-	27				
	經濟學	-	26				

資料來源：〈教育部公佈大學規程〉（1913年1月12日部令第1號），收入璩鑫奎、唐
　　　　　良炎：《中國近代教育史資料彙編‧學制演變》（上海市：上海教育出版
　　　　　社，2007年），頁709-721。

如表所示，文、理、法、商、醫、農、工七大學科門類下設一級學科
數量分別是：文科四個、理科九個、法科三個、商科六個、醫科二
個、農科四個、工科十一個。二級學科只出現在哲學、文學和歷史學
等一級學科下，共計十二個，從一級學科分化趨勢看，文科發展相較
於其它學科門類要成熟很多。

（三）學科的分化趨勢

對比〈奏定大學堂章程〉，此次大學學科體系還擴充一級學科，
增設二級學科，設置選修科目。新增一級學科分別是，文科增設哲
學，法科增設經濟學，理科增設礦物學，工科增設船用機關學，商科
增設領事學。尤其是飽受爭議的哲學終於在大學學科體系中獲得自己

獨立學科地位，經濟學也從原來的一級學科下設科目提升為法科門類下設一級學科。從其獲得獨立學科地位中可以看出人們對它的重視程度。

一級學科的調整還表現在學科分化上。如原來格致科下設物理學，分化為理論物理學和實驗物理學；動植物學分化為動物學和植物學；工科下設採礦及冶金學，分化為採礦學和冶金學；商科下設銀行及保險學，分化為銀行學和保險學；貿易及販運學分化為外國貿易學和交通學等一級學科。一級學科內部的分化現象充分證明上述學科的成熟與發展程度。除此之外，一級學科中原來的中國文學、英國文學、法國文學、俄國文學、德國文學、日本文學、中國史學、萬國史學等，從一級學科劃歸到二級學科範疇，一級學科層面取消國家界限，合成文學、歷史學和地理學等，淡化文化的印記，突出科學研究的無國界性。

〈奏定大學堂章程〉規定的學科體系中只有科—門—科目三級，即學科門類、一級學科和課程。民初〈大學規程〉規定的學科體系中增設「類」，即相當於二級學科的層次，變成科—門—類—科目四級。新增二級學科包括十二門：中國哲學、西洋哲學、國文學、梵文學、英文學、法文學、德文學、俄文學、意大利文學、言語學、中國史及東洋史學和西洋史學。其中中國哲學和西洋哲學為新設學科之外，其餘二級學科均為〈奏定大學堂章程〉中文學科下設一級學科演變而來。

民初〈大學規程〉規定的科目不再細分主課與補助課。法科和農科各門中均有選擇科目的規定，通常用「*」號表述。如法律學門中比較法制史、刑事政策、國法學、財政學為選擇科目；政治學門中農業政策、工業政策、商業政策、社會政策、交通政策、殖民政策、國際公法（各論）、政黨史、國際私法為選擇科目；經濟學門中政治

學、行政法、刑法總論、國際公法、國際私法為選擇科目；農學門中
林學通論、獸醫學通論、水產學通論為選擇科目；農藝化學門中園藝
學、養蠶學、農政學為選擇科目；林學門中狩獵論、養魚論為選擇科
目；獸醫學門中法學通論、農學總論為選擇科目。

　　總之，新增學科也好，學科分化也好，還是學科名稱西化也好，
都再次證明，民初大學學科編制與國外大學學科編制越發接近，顯示
出大學學科與國際接軌的發展勢頭。

（四）大學文理綜合學科標準的設立

　　一九一二年〈大學令〉第三條規定「大學以文、理二科為主；須
合於下列各款之一，方得名為大學：一、文、理二科並設者；二、
文科兼法、商二科者；三、理科兼醫、農、工三科或二科或一科
者。」[4] 相較於清末大學堂分科大學的多學科要求，此時大學學科設
置開始出現文理學科的綜合性特徵。若要符合大學的稱謂，或文理綜
合或基礎學科與應用學科並行，可以文科與法科、商科綜合，也可以
理科與農科、工科、醫科綜合，文理兩科是大學的重心，其它應用學
科的設置，以文理學科為基礎。

　　〈大學令〉限定大學學科設置標準，不僅使大學學科設置更為規
範合理，還在高等教育機構中把大學與專門學校有效地區分出來。在
民初高等教育機構中，與大學平行的還有專門學校，具體分為法政、
醫學、藥學、農業、工業、商業、美術、音樂、商船、外國語十類。
從學科門類設置上，專門學校不設置文、理科之外，其餘的學科門類
與大學相差無幾。以〈法政專門學校規程令〉為例，「法政專門學校

4　〈教育部公佈大學令〉（1912年10月24日部令第17號），收入潘懋元、劉海峰：《中
　　國近代教育史資料彙編‧高等教育》（上海市：上海教育出版社，2007年），頁
　　367。

分為三科：法律科、政治科、經濟科。」雖說三科，按照〈大學規程〉規定，相當於法科下設法律學、政治學和經濟學門。可見，當時的專門學校類似於單科大學，在教學層次上同屬於本科院校，學制也是三至四年。因此二者的區別也只能從學科設置標準上加以區分。

（五）以講座制和大學院為基層學科組織單位

一九一二年〈大學令〉規定大學各科設講座，由教授擔任。講座制是按學科分設，正教授負責的基層學科組織單位。教授在本學科領域有至高無上的權力，學科的發展往往取決於正教授個人的努力。以講座制為基層學科組織單位，提高了教授在學科發展與教學管理中的作用和地位。具體的講座種類和科目，由校長提出，評議會決定。〈大學令〉規定大學設立評議會，評議會不僅審議學科設置、廢止和大學內部規則以及審查大學院生成績即授予學位與否等事項外，還審議講座的種類，「但是，講座的性質是什麼？講座又如何運作？〈大學令〉以及後來的〈大學規程〉等均語焉不詳。」[5]此次〈大學令〉還規定，大學為研究學術之蘊奧，設大學院。大學院為大學教授與學生極深研究之所，各以其所研究之專門學名之，如哲學院、史學院等。大學院即通儒院，性質上相當於研究生教育機構。大學院生經大學評議會及該科教授會認為合格者才能授以學位。

民初大學學科規定中，將講座制和大學院作為大學基層學科組織提出來是事出有緣。「德國大學正式形成了以講座和研究所為基層學科組織單位的高校學科組織系統。」[6]深受德國大學教育影響的蔡元培先生是民初學制的總設計師，其主筆起草的〈大學令〉中不能沒有

5　周川：〈中國近代大學建制發展分析〉，《北京大學教育評論》2004年第3期（2004年），頁88。

6　龐青山：《大學學科論》（廣州市：廣東教育出版社，2006年），頁150。

德國大學的影子。所以民初〈大學令〉中以學科為基礎建立講座制和大學院與德國大學的影響分不開。從時代背景看，十九世紀直至二戰前，全球高等教育領域中德國大學一枝獨秀，英、美、日等國均向德國的現代大學看齊，高等教育的國際交流呈現出從德國向其它國家單向傳遞的特點。所以德國大學的影響是深遠的，即便我們當時的大學制度以日本學制為藍本，從其源頭上講，日本大學學制還是模仿了德國大學制度。

二　民國初年大學學科制度的形成動因

一九一二、一九一三年的〈壬子癸丑學制〉與一九〇四年的〈癸卯學制〉之間具有延續性，它們都以日本學制為藍本。這一點可以從一九一二年四月，蔡元培先生〈對於教育方針之意見〉中得以考證。當時教育部招收英、美、德、法、俄、日等國留學生，原本想翻譯出各國學制，綜合優劣，研製適合於中國的學制，但翻譯後的結果，並不太理想，通過起草委員會的多次討論，最終學制規定仍趨重於採取日本學制。因此，清末民初大學學科制度具有一定的延續性，畢竟其藍本是同一個國家的大學制度。

民初大學學科制度與〈奏定大學堂章程〉學科規定最大的不同，在於人們對傳統學科的態度轉型。若說〈奏定大學堂章程〉秉持「中體西用」思想，對於經、史、子、集「四部之學」為代表的傳統學科加以保留與發展的話，民初〈大學規程〉卻以西學改造中學，學科規定沿著西方學科的套路在發展，大學學科的正當性基本以近代西方學科分類為標準。從經學科的隱退到哲學的獨立設置，格致科稱謂被理科代替到學科編排法則更多考慮科學發展的內在邏輯，種種跡象都在否定「中體西用」思想指導，用西學改造中學已成為基本格局。以西

學改造中學方面，自然離不開時任教育總長——蔡元培先生的影響，但也不可忽略王國維對〈奏定大學堂章程〉的反思與批評。

一九一二年〈大學令〉取消經學科獨立學科地位與蔡元培先生不論「忠君、尊孔」的主張不無關係。一九一二年七月臨時教育會議日記中有段蔡元培先生的演說記錄：民國教育方針，應從受教育者本體上著想，有如何能力，方能盡如何責任，受如何教育，始能俱如何能力。相較於清末教育宗旨的社會本位特色，此時的教育思想中出現個人本位傾向，教育不再是單純的國家行為或只為滿足社會需要服務的人類社會實踐活動，教育還必須要關注個體發展需要。對於一九〇六年三月二十五日學部公佈的「忠君、尊孔、尚公、尚武、尚實」的教育宗旨，蔡元培先生認為「忠君與共和政體不合，尊孔與信教自由相違，可以不論。尚武即軍國民主義也。尚實，即實利主義也。尚公與吾所謂公民道德。」[7]因此，一九一二年九月二日教育部第二號令公佈的教育宗旨是「注重道德教育，以實利教育、軍國民教育輔之，更以美感教育完成其道德」。該宗旨否定了清末教育宗旨中「忠君、尊孔」的成分，保留了「尚公、尚武、尚實」的提法，充分展現了「應從教育者本體上著想」的觀點，第一次從個體發展的德、智、體、美諸方面框定了教育目的。既然否定了「忠君、尊孔」，結合新的教育宗旨制定的大學學科門類中取消經學科也是符合邏輯的。

有關經科學科地位與哲學的獨立設置問題，清末時期王國維就曾奏書表態，這對民初大學學科制度的規定多少有些影響。〈奏定大學堂章程〉頒佈後，一九〇六年王國維就曾主張經學科合於文學科，提出「經學科大學與文學科大學之不可分為而二也⋯⋯可合經學科大學

---

7 蔡元培：〈關於教育方針之意見〉（1912年4月），收入中國第二歷史檔案館編：《中華民國史檔案資料彙編‧第三輯教育》（南京市：江蘇古籍出版社，1991年），頁22。

於文學科大學中，而定文學科大學之各科為五：一、經學科，二、理學科，三、史學科，四，國文學科，五、外國文學科。」[8]具體科目設置上，經學下設哲學概論、中國哲學史、西洋哲學史、心理學、倫理學、名學、美學、社會學、教育學、外國文等十科目；理學下設哲學概論、中國哲學史、印度哲學史、西洋哲學史、心理學、倫理學、名學、美學、社會學、教育學、外國文等十一科目；史學下設中國史、東洋史、西洋史、哲學概論、歷史哲學、年代學、比較言語學、比較神話學、社會學、人類學、教育學、外國文等十二科目；國文學下設哲學概論、中國哲學史、西洋哲學史、中國文學史、西洋文學史、心理學、名學、美學、中國史、教育學、外國文等十一科目；外國文學下設哲學概論、中國哲學史、西洋哲學史、中國文學史、西洋文學史、中國史、心理學、名學、美學、教育學、外國文等十一科目。

　　文學科大學所有科目中《哲學概論》貫穿始終，史學之外的其它學科都開設中國哲學史和西洋哲學史，充分體現了王國維對哲學的重視。據其門人謝國柏所說，「先生之學，博通中外，首倡尼采學說，實為介紹西哲之學入中國第一人。」[9]王國維在〈奏定經學科大學文學科大學章程書後〉中明確提出，大學堂章程根本之誤在缺哲學一科。他辯解道，如果從學問的功用角度考察其價值，哲學與經學、文學相當，如果大學的講授內容必須以物質的應用科學為標準把哲學排斥在學問之外的話，經學和文學也很難認為是有用的學問。王國維的主張在一九一三年〈大學規程〉的學科設定中得到了肯定與認可，哲學不僅獲得獨立學科地位，與文學、歷史學、地理學共同組成文科門

8　王國維：〈奏定經學科大學文學科大學章程書後〉（光緒三十二年（1906年）），收入潘懋元、劉海峰：《中國近代教育史資料彙編・高等教育》（上海市：上海教育出版社，2007年），頁12。

9　〈清華教授王國維自盡記〉，《申報》（1927年6月12日），第3版。

類下設一級學科，中國文學也採用「國文學」的稱謂。

哲學獨立學科地位的起源還需從德國大學說起。歐洲大學學科體系中哲學從神學中獨立出來，要歸功於近代大學先驅之一德國的哈勒大學。柏林大學為主的德國近代大學則把哲學地位提升到與神學、法學、醫學同等重要地位。遊學於德國，並在萊比錫大學深造哲學、心理學和美學的蔡元培先生，自然是看重哲學的獨立學科地位。蔡元培先生曾把學問分為理學和哲學兩大類：

學問全體之學科表[10]

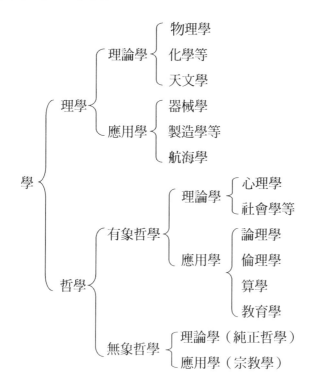

---

10 孫常煒編：《蔡元培先生全集》（臺北市：臺灣商務印書館，1977年11月），頁315。

可見，民初〈大學規程〉中哲學獲得獨立學科地位，不僅與王國維的
建議不謀而合，也與蔡元培先生的遊學經歷密不可分。

〈大學令〉中大學設置標準的規定，同樣顯示出蔡元培先生重學
理的學科思想。他在〈讀周春岳君〈大學改制之商榷〉〉一文中解釋
了大學學科設置標準規定的本意：

> 學與術雖關係至為密切，而習之者旨趣不同。文理學也，雖亦
> 有間接之應用，而治此者以研求真理為的，終身以之。所兼營
> 者，不過教授著述之業，不出學理範圍。法、商、醫、農、工
> 術也，直接應用，治此者雖亦可有永久研究之興趣而及一種程
> 度，不可不服務於社會，轉以服務時之所經驗，促其術之進
> 步，與治學者之極深研幾，不相侔也。鄙人初意，以學為基
> 本，術為枝幹，不可不求其相應。故民國元年，修改學制時，
> 主張設法、商等科者，不可不兼設文科，設醫、農各科者，不
> 可不兼設理科。[11]

因此，蔡元培先生主張大學或文理並設，研究高深學術，或文科
兼法、商科，理科兼農、工、醫科。因為法、商科的學理，必原於文
科，同樣道理農、工、醫科的學理必原於理科。總之，作為研究高深
學術之場所的大學要重視基礎學科。

第二節　民初十年大學學科建制之比較

民國初期高等教育機構主要包括大學、專門學校和高等師範學

---

11 蔡元培：〈讀周春岳君〈大學改制之商榷〉〉，收入璩鑫奎、唐良炎：《中國近代教育
史資料彙編・學制演變》（上海市：上海教育出版社，2007年），頁835。

校。其中大學和專門學校屬於本科教育層次，分公立和私立兩種性質。公立大學包含國立大學和省立大學兩部分。民初十年國立大學只有四所，分別是國立北京大學、北洋大學、山西大學和國立東南大學。通過國立大學之間以及國立大學與其它高等教育機構之間學科設置比較，深入瞭解民初國立大學的學科建制特點。

一　國立大學學科建制特色

據《第一次中國教育年鑒》記載，民初十年間國立大學數量從一所增加到四所，不僅數量有限，且增長速度緩慢。「民初，政府曾有全國設四大學之議，其預定地點為北京、南京、武昌及廣州，終因人才及財力關係，事未果行。」[12]一九一二年五月，京師大學堂更名為國立北京大學，一九一八年之前是中國唯一一所國立大學。范源濂在北大二十週年紀念會上的演說中曾提出：「山西大學系特就晉省而設。北洋大學，則初歸北方各省公立，近乃幾與北京大學連為一體……則北京大學者，吾中國惟一之國立大學也。」[13]一份教育部公佈的全國大學概況（1918）的檔案文獻也記載：「北洋、山西兩大學原係省立，自民國七年度起，經費由國庫支給，乃改為國立。」[14]一九一八年北洋大學與山西大學改為國立，一九二一年創辦國立東南大學。

---

12 辛樹織：《第一次中國教育年鑒·第二冊丙編教育概況上（民國二十三年）》（臺北市：傳記文學出版社，1971年），頁338。

13 〈北京大學二十週年紀念會之范前總長源濂之演說詞〉，收入吳相湘、劉紹唐：《國立北京大學紀念刊（民國六年廿週年紀念冊上、下）》（臺北市：傳記文學出版社，1971年），頁30。

14 中國第二歷史檔案館編：《中華民國史檔案資料彙編·第三輯教育》（南京市：江蘇古籍出版社，1991年），頁176。

（一）國立北京大學應用學科遞減

　　一九一二年二月京師大學堂籌辦開學，嚴復受命暫為總監督，五月京師大學堂更名為國立北京大學，總監督改稱大學校長，嚴復也因此成為京師大學堂最後一任總監督，國立北京大學第一任校長。國立北京大學學科門類在民初十年經歷了應用學科遞減，基礎學科逐漸佔據主導地位的發展歷程。

　　一九一二年五月後，分科大學監督改稱大學學長。嚴復校長兼文科學長，王世澂任法政科學長，一九一二年十月由張祥齡繼任，葉可梁任農科學長，吳乃琛任商科學長，一九一二年八月由金紹城繼任，一九一三年七月胡仁源任工科學長。從大學學長任命情況看，國立北京大學一九一二年設置的學科門類有文、法政、農、商四科，一九一三年增加工科。其中商科於一九一二年七月增設，同年十二月歸併於法科，余棨昌任法商科學長。有關商科的歸併原因，一九一七年〈北京大學啟事〉中曾記載過，「商科依部令宜設銀行、保險等專門，而北京大學現有之商科，則不設專門，而授普通商業，實不足以副商科之名，而又無擴張之經費。現值各科改組之期，擬仿美、日等國大學法科兼設商業學門之例，即以現有商科改為商業學，而隸於法科。」[15]因此，國立北京大學開辦初期只設置文、法商、農、工四個學科門類。與清末相比較，京師大學堂分科大學時期初創經學科、文學科、法政科、格致科、農科、工科和商科等七科局面，此時國立北京大學學科門類減少了經科、格致科（民初改為理科）兩大門類，變成文、法商、工、農四個門類。經科按照〈大學令〉，歸併於文科中，暫設經學一門。理科（清末稱格致科）由於返校學生只有四人，「因人數

15　〈北京大學啟事〉（1917年），收入璩鑫奎、唐良炎：《中國近代教育史資料彙編・學制演變》（上海市：上海教育出版社，2007年），頁832。

太少，開課費錢甚多，於是在這年年底，選拔其中二人出國留學，另二人退學，」[16]一九一三年暑假後重新恢復招生。

　　一九一四年三月，農科獨立為農業專門學校，至此國立北京大學學科門類設置變成文、理、法、工四科。一九一三年暑假後，新招分科學生中「文科招中國文學一班。理科招數學、理論物理、化學各一班。法科招法律、政治、經濟各一班。工科招土木、採礦冶金各一班。」[17]加上一九一二年十二月歸併於法科的商業學門，當時國立北京大學學科建制是：文科下設中國文學門，理科下設數學、理論物理、化學門，法科下設法律、政治、經濟、商業學門，工科下設土木、採礦冶金門，共計四科十門。「至民國三年始有中國哲學門一年級生，」[18]一九一四年九月後文科添招中國哲學、英文學二門，學科建制變成四科十二門。

　　一九一六年十二月二十六日蔡元培先生長校後，任陳獨秀為文科學長，夏元瑮為理科學長，王建祖為法科學長，溫宗禹為工科學長。一九一七年八月〈北京大學啟事〉稱「經費所限，暑假後僅能每科增設一門」，從而一九一七年十一月文科增設史學門，理科增設地質學門，國立北京大學學科建制變成四科十四門：文本科下設哲學門、中國文學門、英國文學門和中國史學門；理科下設數學門、物理門、化學門、地質門；法科下設法律門、政治門、經濟門、商業門；工科下

16 蕭超然、沙健孫、周承恩、梁柱：《北京大學校史》（上海市：上海教育出版社，1981年），頁34。

17 蕭超然、沙健孫、周承恩、梁柱：《北京大學校史》（上海市：上海教育出版社，1981年），頁35。

18 哲學系同學會：〈北京大學哲學系之過去與將來〉，收入吳相湘、劉紹唐：《國立北京大學紀念刊第三冊（民國十八年卅一週年、民國卅七年五十週年紀念刊）》（臺北市：傳記文學出版社，1971年），頁82。

設土木工學門、採礦冶金學門。[19]

　　結合一八九五年以來中國近代國立大學學科建制情況[20]，此時國立北京大學的哲學、數學、物理門是當時國內國立大學中最先設置的學科。這是相對於清末大學堂學科建制中法、工、理、經、文、農、商科等七科，十九種學門而論。天津中西學堂最先設置了法律、土木工程、機械工程和採礦門。山西大學堂最先設置了格致學門。京師大學堂最先設置了毛詩學、周禮學、春秋左傳學、政治、中國文學、化學、地質學、農學、中國史學、經濟學、財政學、商學、交通學和農藝化學等十四門。

　　一九一八年國立北京大學的文、理、法、工科下設學門增加到十六門，新增法文門和數學物理門兩個學科。詳見表4-2。

---

19 吳相湘、劉紹唐：《國立北京大學紀念刊第一冊（民國六年廿週年紀念冊上）》（臺北市：傳記文學出版社，1971年），頁169-174。

20 結合清末大學堂「科─門」建制的史料記載，排除其預科教育與速成科教育，在大學本科層面建立的學科建制詳情如下：天津中西學堂，起初設置法律、土木工程、機械工程和採礦等四門，復辦的北洋大學堂一九〇七年後設置法律、土木工程和採礦冶金等三門，沒有超越其原來學科建制範圍；山西大學堂一九〇六年後設置法律、採礦冶金、格致學、土木工程等四門；京師大學堂一九一〇年七科下設毛詩學、周禮學、春秋左傳學、法律、政治、中國文學、外國文學、化學、地質學、農學、土木工學、採礦及冶金學、銀行保險學等十三門，據一九一〇─一九一二年學科建製圖，減少了外國文學和銀行保險學二門，在十一學門基礎上增設了中國史學、經濟學、財政學、商學、交通學和農藝化學，共計十七門。

表4-2　一九一八年教育部公佈的國立北京大學概況

科	門	班數	現有生數	畢業生數
文科	哲學門	3	57	228
	國文門	3	78	
	英文門	3	40	
	法文門	1	15	
	史學門	2	42	
理科	數學門	2	13	39
	物理學門	2	14	
	化學門	3	72	
	地質門	3	16	
	數學物理門	1	19	
法科	法律門	4	182	209
	政治門	4	60	
	經濟門	4	94	
	商業門	1	67	
工科	土木工學門	1	29	120
	採礦冶金學門	1	31	

資料來源：中國第二歷史檔案館編：《中華民國史檔案資料彙編‧第三輯教育》（南京市：江蘇古籍出版社，1991年），頁177-178。

如表所示，十六門一級學科中法律、商業、土木工學和採礦冶金學四門屬於應用學科，占學科總數的百分之二十五。近四分之三的學科屬於基礎學科，與京師大學堂時期重應用、輕學理的傾向形成了鮮明的對比。

隨著一九一九年九月工科併入北洋大學，國立北京大學學科門類定格為文、理、法三科。關於學科門類調整問題，早在一九一三年十一月十七日教育部專門教育司司長湯中會同其參事詳細規劃過北京大

學和北洋大學事宜：

　　（甲）北京大學可規設文、法、理、醫四分科。試言其理由：
　　文科為一國思想之中心，各種學術之樞紐，允宜創置於首都，
　　為國人文藝之先導。法科則無論為法律、為政治經濟，所習皆
　　經世之術，即將來皆從政之材。北京為政法之淵海，不僅教材
　　易得，即觀摩之益亦十倍他方，自有設立法科之必要。理科所
　　授大抵實驗之科學。理化、地質各科，固有待於校內設備之完
　　善。醫科為輸入新學之先驅，強健國民之要業，各國鹹重視
　　之。設醫科學於北京，以正四方之視聽。且醫科與文科諸科頗
　　有密切之關係，如精神病學之于文科，法醫學之於法科，化學
　　生理學等之於理科，皆有聯絡研究之益，此亦並設之一由也。
　　（乙）北洋大學可規定工科，以漸加擴充……查北京大學原設
　　有文、法、理、工、農五分科。工科既為北洋大學應設之科，
　　則北京大學所設之工科應照規定停辦，而移並于北洋大學，或
　　停止續招新生，以辦至本年新班學生畢業為止……至北洋大學
　　原設法、工兩分科，應將法科停辦，移並於北京大學。[21]

如上所述，一九一三年時教育部擬將國立北京大學工科歸併於北洋大
學，其實主要意圖將國立北京大學和北洋大學合併辦學。但在同年十
二月十六日「國民政府批准教育部取消北京大學、北洋大學合併
令，」[22]工科合併問題也被擱淺。

21　〈北洋政府教育部檔案·教育部關於並北京大學北洋大學為國立大學訓令〉（1914
　　年2月3日），收入中國第二歷史檔案館編：《中華民國史檔案資料彙編·第三輯教
　　育》（南京市：江蘇古籍出版社，1991年），頁206-207。
22　王學珍等：《北京大學紀事：1898-1997》（北京市：北京大學出版社，1998年），頁
　　33。

　　一九一九年九月，國立北京大學工科正式併入北洋大學。〈我在北京大學的經歷〉中蔡元培先生回憶說，他沒有本校與他校的界限，只是出於通盤考慮，北洋大學有工、法兩科，北京還有工業專門學校，均由國庫供給，在國家辦學經費有限的情況下，從學科發展合理化角度考慮，避免重複設置學科，通過兩校協商，經教育部核准，最終將北大工科土木、工礦和冶金學併入北洋大學工科，並將辦工科省下的經費，用在理科建設上。雖然出現原北大工科學生返校浪潮，但最終因經費有限，國立北京大學沒有恢復工科，返校學生併入理科告終。蔡元培先生的原意是北大只設文理二科，將法科也劃出去，歸併於北京法律專門學校，終因沒有成功，從而國立北京大學保留了文、理、法三科。

　　國立北京大學經過七年的學科門類調整，商、農、工應用學科門類逐漸遞減，確立了文、理、法三科、十四門的學科建制。具體學科中，除了法律和商業兩門應用學科之外，哲學、國文、英文、法文、史學、數學、物理學、化學、地質、數學物理、政治和經濟全是基礎學科，含括了人文、自然科學和社會科學三大學科領域，凸顯出文理綜合與重學理、兼應用的學科特色，基礎學科建設得到加強與有效保障。

　　當然，蔡元培先生並非反對大學的多學科綜合性。他認為「完全的大學，當然各科並設，有互相聯繫的便利。若無此能力，則不妨有一大學專辦文理兩科，各為本科，而其它應用各科，可辦專科的高級學校，因為北大的校舍和經費，決沒有兼辦各種應用科學的可能。」[23]可見，國立北京大學學科門類的減少歸根到底還是教育經費所限，不

---

23 蔡元培：〈我在北京大學的經歷〉收入潘懋元、劉海峰：《中國近代教育史資料彙編‧高等教育》（上海市：上海教育出版社，2007年），頁403。

能保證大學多學科發展的前提下，只能集中精力，把有限的教育資源
整合起來，加強基礎學科建設。

（二）國立前後北洋大學和山西大學的學科設置

　　民國成立後教育部曾一度未把北洋大學和山西大學歸入國立大學
範圍之中，直到一九一八年後北洋大學和山西大學改為國立。一九一
九年教育部公佈的〈全國教育計劃書〉中再次強調了北洋大學和山西
大學的國立性質，「國立大學皆偏在北方，不便學子就學，且以三大
學收容全國學子，亦斷不敷，亟宜增設。」[24]這裏的三大學即國立北
京大學、北洋大學和山西大學。因此不論從哪個論據看，一九一八年
開始北洋大學和山西大學歸入國立大學範疇。

　　北洋大學與山西大學學科設置在國立前後幾乎沒有變化。改國立
之前北洋大學設工科和法科，山西大學設法科、工科和文科。據一九
一五年北洋大學校週年情況報告，當時其學科設置是法科法律學門、
工科土木工學門和採礦學門。一九一五年〈教育部視察山西省立大學
校報告〉中提到本科學生兩班，分別是法律本科和工本科，一九一六
年七月，開辦文科，聘郭象升為文科學長，八月開辦文科國文學班。

　　改國立後一九一八年教育部公佈的國立大學概況中北洋大學和山
西大學學科設置均沒有變化，見表4-3。

---

24 教育部公佈：《全國教育計劃書》（1919年3月）收入中國第二歷史檔案館編：《中華
　　民國史檔案資料彙編·第三輯教育》（南京市：江蘇古籍出版社，1991年），頁54。

表4-3　一九一八年教育部公佈的全國國立大學概說

校名	科目		班數	現有生數	畢業生數	經費
北洋大學	法科	法律學門	1	23	86	226041圓
	工科	土木工學門	3	72	212	
		探礦冶金學門	3	84		
	預科	第一部	1	15	193	
		第二部	3	124		
山西大學	文科	文學門	2	60		100000圓
	法科	法律學門	3	93	39	
	工科	土木工學門	2	30	216	
		採礦冶金學門	3	27		
	預科	第一部	5	283	409	
		第二部	6	128		
	理科				1	

資料來源：中國第二歷史檔案館編：《中華民國史檔案資料彙編‧第三輯教育》（南京市：江蘇古籍出版社，1991年），頁177-178。

如表所示，北洋大學本科設法科、工科兩個學科門類，下設法律學門、土木工學門和採礦冶金學三門，共計七個班。山西大學本科設文科、法科和工科三個學科門類，下設文學門、法律學門、土木工學門和採礦冶金學四門，共計十個班。對比國立前後北洋大學和山西大學學科編制，二者在學科門類和具體學科設置上均沒有變化。稍有點變化是一九一九年後北洋大學採礦冶金學門分為採礦學門和冶金學門，[25]同年九月後國立北京大學工科歸併於北洋大學，令北洋大學法

---

25 王杰、韓雲芳：《百年教育思想與人物》（天津市：天津大學出版社，2010年），頁73。

科在規定期限內停辦，其法科歸併到國立北京大學。相較於省立大學時期，國立大學應該有一定的經費保障，學科的發展理應會更充實，但是民初是中國社會大波動時期，相繼發生了袁世凱（1916年春）、張勳（1917年7月）復辟運動。導致政府忙於養兵，有限的經費很難滿足當時教育需求。所以，國立大學辦學經費也沒有多少保障，與其說大學改為國立後經費有所保障，不如說政府通過大學國立化，體現其「國家」的象徵意義。

（三）國立東南大學的多學科設置

一九二〇年四月南京高等師範學校召開校務會議，郭秉文校長提出籌備國立大學議案。一九二〇年十二月十五日成立國立東南大學籌備處，郭秉文任主任，設在南京高等師範學校，籌備時間定為一九二〇年十二月十五日至一九二一年三月十五日。面對政府只知養兵，置教育於腦後，「吾東南人士，乃得一兼顧之法，曰按照部議，立一大學以東南，而以南京高等師範學校之專修科併入，名曰國立東南大學。」[26]名為國立，經費預算經中央政府核准，經費來源主要是江蘇財政收入中的國稅部分，「數年以來江蘇一省提付該校每年預算三分之二，其餘三分之一由浙贛皖三省分派，但以該三省歷年經費困難，多未實行。」[27]由於經費不是國庫供給，力求社會各界的讚助，一九二一年一月五日大學籌備處提議成立董事會，六月六日招開董事會成立會，七月國立東南大學組織大綱獲教育部批准，八月二十三至二十五日與南京高等師範學校同時招考學生，一九二一年九月九日《申報》聲明董事會提議教育部批准由郭秉文兼任國立東南大學校長。

---

26 〈國立東南大學緣起〉，《申報》（1920年12月25日），第2版。
27 唐鉞、朱經農、高覺敷：《教育大辭書》（上海市：商務印書館，1930年），頁965。

　　國立東南大學設置了文理、教育、農、工、商五科。「南京原有農、工、商、教育、體育專修科其規模已近於各國之大學，以之併入東南大學，第須添招文理科，則學科已屬完備。」[28]由此可見，國立東南大學學科設置以南京高等師範學校專修科為基礎，構成自己獨特的學科體系，文理科為新增加學科門類外，其餘學科都是原來南京高等師範專修科基礎上建立的，商科設單科大學於上海。國立東南大學學科門類數量充分證明其多學科性，而其綜合性不僅表現在文理科綜合設置上，還體現為基礎學科與應用學科的綜合設置上。不同於國立北京大學注重文、理學科建設，國立東南大學學科門類中文理科之外廣泛設置了教育、農、工、商科等應用學科門類，學理與應用並重成為其學科綜合的一大亮點。

　　一九二一年〈國立東南大學大綱草案〉第四條規定「本大學以學系為主幹，暫設下列各系：一國文系、二英文系、三哲學系、四歷史系、五地學系、六政法經濟系、七數學系（天文附）、八物理系、九化學系、十生物系（生理動物植物解剖附）、十一心理系、十二教育系、十三體育系、十四農藝系（作物土壤農具附）、十五園藝系、十六畜牧系、十七病蟲害系、十八農業化學系（農產製造附）十九機械工程系、二十會計系、二十一銀行系、二十二工商管理系。」[29]二十二個學系，組成文理、教育、農、工、商五科。

　　相較於國立北京大學在近代中國首創的學科，[30]國立東南大學生物系、心理學、教育系、體育系、農藝系、園藝系、畜牧系、病蟲害

28　〈國立東南大學緣起〉，《申報》（1920年12月25日），第2版。

29　〈國立東南大學大綱草案〉，《申報》（1921年3月25日），第3版。

30　國立北京大學前身京師大學堂在中國近代國立大學中最先設置了毛詩學、周禮學、春秋左傳學、政治、中國文學、化學、地質學、農學、中國史學、經濟學、財政學、商學、交通學和農藝化學等十四門。改國立北京大學後在中國近代國立大學中最先設置了哲學、數學、物理門。

系、會計系、銀行系、工商管理繫屬於中國近代國立大學中最先設置的學科。雖說銀行保險門在京師大學堂一九一○年學科建制中出現過，遺憾的是一九一二年學科建製圖中已被刪除，所以，國立東南大學銀行系的設置可以說是中國近代國立大學中銀行學的建制開端。從上述首創學科種類而論，國立東南大學在教育、農業、商業方面的學科優勢極為凸顯。

二　國立大學學科建制之異同

　　上述四所國立大學中，「一九二○年六月，北洋大學進入專辦工科的時期。」[31]北洋大學走上單科性大學的發展道路之外，其餘三所國立大學保持了多學科綜合性特色。國立北京大學設置文、理、法三科，山西大學設置文、法、工三科，國立東南大學學科最全，共設文理、教育、工、農、商五科。三所國立大學學科門類設置方面或文理並設，或文科兼法、工科，或文理科兼教育、工、農、商科，不僅學科設置呈現多學科性，也符合〈大學令〉規定的大學學科設置標準，呈現出文理學科綜合取向。

　　共性基礎上的個性表現，主要體現在南北兩所國立大學的學科設置與學科發展的不同側面上。國立北京大學以文史哲著稱，並堅持重學理的建設思路，加大文、理科學科門類建設，逐漸削弱應用學科力度，而國立東南大學以理科著稱，同時開創教育、農、商學科門類建制，學理與應用兼備的多學科綜合模式堪稱中國近代國立大學中的典範。文理科設置方面，國立北京大學分設文、理兩科，國立東南大學合設文理科。國立東南大學教育科的獨立設置超出了當時〈大學規

---

31 王杰、韓雲芳：《百年教育思想與人物》（天津市：天津大學出版社，2010年），頁87。

程〉與〈修正大學令〉中學科設置範圍。〈大學規程〉中教育學僅僅
是哲學門下設科目之一，國立東南大學獨立設置教育科，與文理、
農、工、商科相併列，提升了教育學的學科地位，引起人們對教育學
科發展的關注。當然這與東南大學的校史相關聯。民國初年北洋政府
雖然設想在南京、武昌、廣州建立大學，因經費主要用於養兵，無法
顧及教育，最終沒有實現。國立東南大學的建立可以說借用了南京高
等師範學校的「國立」帽子，因為「民國元年，本部定高等師範學校
為國立，」[32]同時也以南京高等師範相對成熟的專修科為學科基礎，
才能得以短期內建立多學科綜合性大學。南京高等師範學校以教育學
科著稱，國立東南大學必然要體現其師範特色，專設教育科。若是從
教育學學科地位的提升角度看，國立東南大學發揮了重要作用。某種
意義上，對一九二九年〈大學組織法〉中大學學科體系增設教育科也
有所啟示。

　　同為國立大學，經費來源的差異導致國立北京大學與國立東南大
學在工科發展道路上走出各自的特色。國立北京大學和北洋大學經費
由國庫供給，加上地理位置上的優勢，在有限的經費支持條件下，選
擇了相關學科合併辦學的道路。從而國立北京大學工科歸併於北洋大
學。相反國立東南大學名為國立，實際經費由地方財政讚助，其工科
發展採取了國際合作辦學模式。為了滿足國家工業發展的需要，國立
東南大學建校後，借助美國哈佛大學和麻省理工學院在中國籌辦工科
的設想，在工科發展路徑上選擇了美國大學的合作模式。它們共同制
訂了「中美合辦工科大學之計劃」，經費由雙方分擔，分工明確，「中
國之所擔任者有二：（一）、常年費每年七萬五千元、（二）基地與校

---

32 教育部公佈：〈全國高等師範學校概況〉（1918年），收入中國第二歷史檔案館編：
　　《中華民國史檔案資料彙編・第三輯教育》（南京市：江蘇古籍出版社，1991年），
　　頁191。

舍、美國之所擔任者有三：（一）常年費每年至少捐助七萬五千元墨金、并擬籌集百萬美金、作擴充工科之用、（二）學校之設備、（三）聘請有經驗之管理者為教員。」[33]從雙方達成協議看，經費方面美國出資比中國多，不僅提供常年費，還要籌資捐資，更重要是承擔工科發展所需設備建設和教員聘任任務。當然這一國際合作也要歸功於國立東南大學校長郭秉文卓越的國際交流能力。郭秉文畢業於美國哥倫比亞大學，不僅有美國大學的交流經驗，他在二十世紀二〇年代，連續三次作為中國首席代表出席世界教育會議，並連續三次被推舉為世界教育會副會長。他的個人影響力也是促成國立東南大學工科發展的國際合作模式的主要方面。

三　國立大學與私立大學學科建制的比較

一九一三年一月十六日教育部第三號令〈私立大學規程〉明確規定，私人或私法人設立大學，遵照〈大學令〉第三條規定，大學設置標準符合文、理二科並設或文科兼法、商二科或理科兼醫、農、工三科或二科或一科的要求。實際上此時私立大學學科設置基本達不到規定標準。

民初私立大學的變化錯綜複雜，不僅更名快，其停辦、復辦頻率也較快，這本身就不太符合學科穩定持續發展的條件。民初私立大學數量變化統計，如表4-4。

33　〈東南大學發展消息（二）〉,《申報》（1921年10月29日），第3版。

表4-4　一九一二至一九二〇年大學校數統計表

年份	大學數		
	公立	私立	合計
民國元年1912	2	2	4
民國二年1913	3	2	5
民國三年1914	3	4	7
民國四年1915	3	7	10
民國五年1916	3	7	10
民國六年1917	3	7	10
民國七年1918	3	6	9
民國八年1919	3	7	10
民國九年1920	3	7	10

資料來源：教育部教育年鑒編纂委員會：《第五次中華民國教育年鑒》（臺北市：正中書局，1985年），頁876-877。

　　一九一二年兩所私立大學，分別是中國大學和復旦大學。中國大學一九〇六年四月十三日宣告成立，一九一三年四月更名為國民大學，同年十二月與上海中國公學合併，改名為中國公學大學部，一九一四年五月得到北京政府教育部認可，一九一七年三月改稱北京私立中國大學。復旦大學的前身是一九〇五年成立的復旦公學。一九〇五年震旦大學的一三〇名師生集體退學，校長馬相伯為了能使他們繼續學業，請兩江總督周玉山資助，撥銀二萬兩為辦學經費，成立復旦公學，一九〇五年九月四日正式開學。

　　一九一三年十二月教育部要求私立大學必須經過教育部人員視察後方可被認可。一九一一年年五月十九日〈教育部：准予北京各私立大學正式立案公告（第六號）〉准予認可的私立大學有私立民國大學

校、私立中華大學校、私立明德大學校、私立中國公學大學部。其中私立民國大學校一九一三年開辦，一九一六年更名為北京私立朝陽大學。一九一五至一九一六年全國大學統計表中出現的七所私立大學是北京私立朝陽大學、江蘇私立大同學院、江蘇私立復旦公學、中國公學大學部、私立中華大學、四川私立共和大學、武昌私立中華大學（1912年9月開辦，1915年3月被認可）。「私立大學經政府認可者，民國六年原為七校，此後吳淞中國公學停辦，至民七只餘六校。民八明德大學復在漢口重新開辦（改名漢口明德大學）。」[34]

　　私立大學學科設置方面，一九一五年八月至一九一六年七月〈全國大學統計表〉統計的七所私立大學中只有中國公學大學部和私立中華大學設置了本科教育層次的商科和專門部法科，勉強設置了兩個學科門類。北京私立朝陽大學只有專門部法科，其餘私立大學只有預科教育。一九一六年十二月教育部對上述三所私立大學視察的結果是：中國公學大學部學科設置包括法科、商科兩大學科門類，具體有政治科、經濟科、商科和專門部法律本科、政治經濟本科；北京私立朝陽大學和私立中華大學只有一科設置，前者設法律科，後者設商科。從學科門類上看，私立大學主要設置了法、商兩科。

　　據一九一八年教育部公佈的〈全國大學概況〉，統計在案的私立大學有五所：北京私立朝陽大學、私立中華大學、私立明德大學、北京私立中國大學和武昌私立中華大學。其中私立明德大學和私立中華大學分別於一九一六年五月和一九一七年八月因經費困難停辦。北京私立朝陽大學和北京私立中國大學的學科設置均為法科、商科和預科，武昌私立中華大學在法科、商科之外設置了文科哲學門。

34　辛樹織：《第一次中國教育年鑒‧第二冊丙編‧教育概況上（民國二十三年）》（臺北市：傳記文學出版社，1971年），頁339。

　　從上述不同年度統計情況看，民初私立大學多為預科教育水準，少數達到本科教育層次的私立大學學科設置也只有法科和商科兩大學科門類。即使武昌私立中華大學設置文、法、商三科，勉強達到大學設置標準中文科兼法、商科的標準，其文科也只設哲學門、法科只設法律門，與〈大學規程〉中「科—門」規定相差甚遠。私立大學本科學科設置不僅都是應用學科，而且偏重法、商兩科，幾乎沒有達到〈大學令〉規定的文理綜合以及文科兼法、商二科或理科兼農、工、醫各科的標準。當然，經費是一個束縛私立大學學科發展的重要因素，按照教育部公佈的〈私立大學規程令〉，私立大學學科建設除了教室、圖書室外，還要提供相應的實習、實驗和實地研究條件。如理科附設氣象臺、植物園、動物園、實驗所；醫科設附屬醫院；農科設試驗場、演習林、家畜病院；工科設各種實習工廠等。相較於上述學科，文科設歷史博物室、人類模型室、美術室；商科設商品陳列室、商業實踐室；法科沒有要求。顯然文、法、商科所需成本不高，這也是私立大學學科設置多為法、商科的原因之一。

　　除此之外，私立大學法、商兩科的設置與民初社會急需法政人才有密切關聯，畢竟沒有國家經費支持的學科建設會更多著眼於見效快的學科門類，這樣才能吸引生源，保證私立大學的持續運營。尤其是法科是當時人們當官的首選學科，正如馮友蘭在北大懷舊記中所說，「在那時候，一般人以學校為變象的科舉。上大學為的是得個入仕途的『出身』，『出身』以法科為宜，很少有人願意入文科。」[35]按照當今的理解，法科就是熱門學科，學子們熱衷於當官，必首選法科，不論是國立大學還是私立大學。同樣道理在民初工商業發展急需商業人

---

35 馮友蘭：〈北大懷舊記〉，收入吳相湘、劉紹唐：《國立北京大學紀念刊第三冊（民國十八年卅一週年、民國卅七年五十週年紀念刊）》（臺北市：傳記文學出版社，1971年），頁251。

才的時代條件下，人們對商科的熱衷程度也不亞於法科。

　　相較於民初私立大學學科門類單一、偏文重應用、缺乏延續性的特點，國立大學學科設置不僅符合大學學科設置標準，也初步呈現文理綜合，重基礎學科兼應用學科的特點，尤其在工、農科發展方面開創新局面，學科門類和學科數量也表現出穩步上陞趨勢。

　　需要補充說明的是，民初國立大學與私立大學學科編制上的上述差距，主要是基於一九一九年之前的基本情況而論，也可以說代表了這一時期的普遍現象。但不可否認之後成立的南開大學和廈門大學，開創了私立大學新局面。南開大學（1919年11月20日成立）和廈門大學（1921年4月6日成立）不僅成為私立大學的典範，其學科設置也出現新氣象。

四　國立大學與國立專門學校的學科建制比較

　　專門學校是民初高等教育中與大學同屬於本科教育層次的機構，分公立和私立兩種。據一九一五至一九一六年全國國立專門學校統計，法政、醫學、農業專門學校各一所，工業專門學校三所，共計六所國立專門學校。代表性國立專門學校中北京工業專門學校成立最早（1912年8月成立），初設機械、電機機械、應用化學三科，一九一三年九月加設機織科。學科設置比〈工業專門學校規程〉規定少了九科。北京農業專門學校是一九一四年二月歸屬教育部直轄，同年七月設置了林學科，一直保持了農學、林學兩學科局面，學科設置比〈農業專門學校規程〉規定的五科，少了獸醫學、蠶業學和水產學。一九一五年八月三十日，教育部〈北京國立法政專門學校四年度校務計劃書〉顯示，北京國立法政專門學校學科設置是法律本科、政治本科、經濟本科和政治經濟本科，學科設置完全符合〈法政專門學校規程〉

規定。國立法政專門學校學科設置能達到相關章程規定之外，工科、農科、醫科專門學校很少能達到相關章程的學科規定標準，說明當時法科建設較為成熟。

據一九一八年全國教育概況統計，國立專門學校五所，見表4-5。

表4-5　一九一八年國立專門學校概況

校名	科目	現有生數	畢業生數	開辦年月	經費數
北京法政專門學校	法律、政治經濟、經濟	658	本科192 別科1012	民國元年	101500
北京農業專門學校	農學、林學	174	107	民國三年二月	91200
北京工業專門學校	機械、應化、電機、機織	268	177	民國元年	126360
北京醫學專門學校	醫學	243	64	民國二年	103000
武昌商業專門學校	商學	224		民國五年二月	42168

資料來源：中國第二歷史檔案館編：《中華民國史檔案資料彙編・第三輯教育》（南京市：江蘇古籍出版社，1991頁），頁181。

上述國立專門學校學科門類均屬於單科設置，具體包括法、農、工、醫、商等科。

從當時全國專門學校的學科比例而論，法科最多，其次是工科。一九一二至一九一六年全國專門學校統計資料顯示，法政專門學校總數分別是六十四、五十六、四十四、四十二、三十二所，工業專門學校總數分別是十、十、十三、十三、十三、十一所，其它專門學校數量沒有超過十所的。從學科屬性看，應用學科的專門學校在當時全國

專門學校數量中占絕對優勢，這一點還是符合其造就各行業專門人才的培養目標。

　　同屬於本科教育層次，由於培養目標的不同而國立大學與國立專門學校的學科編制各不相同。民初〈大學令〉規定，大學以教授高深學術，養成碩學閎材，應國家需要為宗旨。民初〈專門學校令〉規定，專門學校以教授高等學術，養成專門人才為宗旨。「大學校與專門學校在宗旨上的分別：大學重在學術的深究，專門學校重在實際的應用。」[36]國立大學著力於培養碩學閎材，注重多學科綜合性和基礎學科兼應用學科。專門學校卻致力於專門人才的培養，設置單學科，注重學科的實用價值。可見，二者在學科設置上呈現出多科與單科，重基礎學科與重應用學科的明顯區分。

　　通過國立大學之間以及國立大學與其它高等機構之間學科編制的比較分析，民初國立大學學科編制確實能體現出多科綜合性特徵以及重基礎學科兼應用學科的學科特色。相較於民初私立大學學科門類單一、偏文重應用、缺乏延續性的特點，國立大學學科設置呈現出文理綜合，重基礎學科兼應用學科以及學科發展的延續性特點，而在私立大學規範發展後，二者在學科設置方面的差別並不明顯，這也說明事物的發展總有一個過程，在制度支持和經費保障到位的情況下，私立大學也能做到多學科綜合。相較於專門學校單學科、重應用的特點，國立大學多學科、重學理的學科特點越發凸顯。

第三節　國立北京大學的學系與研究所建制

　　為了滿足文理兼通人才的培養需要，國立北京大學率先改革

---

36 陳翊林：《最近三十年中國教育史》（上海市：上海太平洋書店，1930年），頁268。

「科—門」建制，打破學科界限，廣泛設立學系建制。學校取消原來各科教務處，設置全校教務處，統一領導全校教學事務，學系成為基層學科組織，教學具有相對獨立性，有利於學科的分化與縱深發展。形成學校—學系二級教學管理模式，大學真正意義上實現統管教學工作，人才培養進入統一規劃階段。國立北京大學以學科為基礎開辦研究所，開創了中國近代大學研究生教育的先河，尤其是國學門研究所，開展的中國傳統學科的全面整理與研究工作，拓展了中國近代大學的科學研究職能。

一　「科—門」建制改設學系建制

一九一二至一九一九年國立北京大學通過學科門類調整，遞減商、農、工科等應用學科，定格為文、理、法三大學科門類。學科建制延續了京師大學堂分科大學時期「科—門」建制。京師大學堂分科大學是清末以學科門類為基礎建立的最早的大學學科組織，開創了培養人才為基本職能的大學學科組織的先河。其「科—門」建制是中國近代大學學科建制雛形，「科—門」建制為特徵，大學形成了由學科門類和一級學科組成的學科體系。

每一「科」就是一個教學行政單位，學長負責本學科門類各學科的教學管理工作。「文科學長嚴復因兼任校長，事情太多，另設文科教務長，由姚勇概擔任。」[37]以一九一七年國立北京大學教職員一覽表為證，文科教務處事務員吳繼哲、理科教務處事務員劉紹文、法科教務處事務員蕭清海和左貫文、工科教務處事務員趙履祺。大學不設

---

37 蕭超然、沙健孫、周承恩、梁柱：《北京大學校史》（上海市：上海教育出版社，1981年），頁34。

統一的教務處，每科獨立設置教務處事務員，顯示出各學科門類教學管理的相對獨立性，同樣大學也只是各科鬆散結合的共同體。因此，國立北京大學當時實行的是「科」一級教學管理模式。「科」下所設「門」，有學者曾類比於當今大學的系建制，但從當時「門」的設置情況看，它不是獨立的教學行政組織，也就不具有教學管理權。也因此，「門」改為「學系」，不是簡單的名稱更換，而是教學管理職能的一次大改革。

一九一九年四月十六日蔡元培校長呈報教育部，「本校文理兩科擬自本學期起實行歸併，不設學長，於各門教授會主任中，按年選舉一人為教務長。本月八日開會選舉，經濟教授會主任馬寅初當選為教務長，請鈞部鑒核備案。」[38]從此中國近代大學學科建制史上一次重大改革拉開了序幕，蔡元培先生大膽改革「科—門」建制，廢學長，打通文理分科，突破學科門類限制，「門」改設學系，設系主任綜合管理學科事務，建立了以一級學科為基礎的大學學科組織形式——學系。

「學系，即系，高等學校按學科、專業性質設置的教學行政單位。」[39]早在中世紀大學時期就有學系這一學科建制，「從十三世紀開始，系一詞的外延擴大，指的是某一學科或某一學科領域的專家、大師聚集在一起，實施教學的機構。」[40]作為大學內部組織機構之一，學系主要是以學科為基礎建立的教師團體，是一個教學單位。現代大學產生後，一八二五年美國哈佛學院開始採用學系建制，「建立學系

38　王學珍等：《北京大學紀事：1898-1997》（北京市：北京大學出版社，1998年），頁58。

39　《辭海（教育學·心理學分冊）》（上海市：上海辭書出版社，1987年），頁20。

40　黃福濤：《外國高等教育史（第二版）》（上海市：上海教育出版社，2008年），頁46。

的初衷，主要是為了克服德國大學講座制帶來的種種缺點……以系代替講座，有利於拓寬學科的口徑，加強學科專業間的聯繫；有利於將教授組織起來，發揮教授群體的作用，減少教授個人對學科事務的專制。」[41]到十九世紀末期，美國大學普遍設立學系，隨著高等教育領域文化交流的推進，世界多個國家的大學開始採納了以一級學科為基礎設立的學系建制。

國立北京大學取消原來各科教務處，「改用分系制，置全校教務處，由各教授會主任選舉教務長一人掌之，」[42]統一領導全校教學事務，組織協調各系教學工作。學系成為基層學科組織，各系成立教授會，規劃本系教學工作，教學也具有相對獨立性，從而有利於學科的分化與縱深發展。「科—門」建制改設學系後，國立北京大學形成學校—學系二級教學管理模式，大學真正意義上實現統管教學工作，人才培養進入統一規劃階段。

蔡元培先生秉持哲學與科學相通，文科與理科相通的理念，「把北大的三科界限撤去而列為十四系。」[43]學系改制前設置的十四門有哲學、國文、英文、法文、史學、數學、物理學、化學、地質、數學物理、法律、政治、經濟和商業門。學系改制後並沒有完全按照原來的十四門調整為十四系，其中數學物理門沒有變成數學物理系，商業門也沒能成為商業系，卻多出一個德文學系。因此，國立北京大學起初設置了十三系，即英國文學系、法國文學系、德國文學系、中國文學系、哲學系、史學系、數學系、物理學系、化學系、地質學系、法

---

41 周川：〈高等學校建制的組織學詮釋〉，《教育研究》2002年第6期（2002年），頁70。

42 何基鴻：〈國立北京大學沿革述略〉，收入吳相湘、劉紹唐：《國立北京大學紀念刊第三冊（民國十八年卅一週年、民國卅七年五十週年紀念刊）》（臺北市：傳記文學出版社，1971年），頁24。

43 蔡元培：〈我在北京大學的經歷〉，收入戚元、劉海峰：《中國近代教育史資料彙編・高等教育》（上海市：上海教育出版社，2007年），頁403。

律學系、政治學系和經濟學系。一九一七年〈修正大學令〉規定，大
學本科學制為四年，以一九一九年為學系建制起點，一九二三年國立
北京大學畢業生統計裏卻只有十三個系，既沒有數學物理系，也沒有
商業系。《國立北京大學紀念刊》本科畢業生統計表中只有一九一九
年有六十二名法本科商業學門畢業生，一九二○－一九二九年畢業生
統計中未曾出現「商業系」這一說法。種種跡象表明，國立北京大學
廢「科－門」制，改學系時，初建十三個學系。有關北大校史資料
中，還有一種提法是當時設置的十四系中除了上述十三系之外還有俄
文學系。有記載稱一九二○年九月國立北京大學才增設俄文學系。這
一點從一九二四年才出現三名俄文學系畢業生統計資料中得以肯定。
由此推算，俄文學系在成立時間上要比英、法、德國文學系稍晚些，
它不是一九一九年學系改制時就成立的學系。

　　之後所增設各系情況如下，「一九二四年新成立了教育學系和東
方文學系（包括日文、梵文兩組），一九二五年成立生物學系，一九
二六年哲學系心理門的基礎上擴大成立了心理學系。原定設立的天文
學系沒有辦成。」[44]有關生物系的正式成立時間，據中國科學院科技
政策與管理研究所樊洪業研究員的考證，不是一九二五年，而是一九
二六年[45]。總之，國立北京大學組成京師大學校之前共設置了十八個
學系，分別是英國文學系、法國文學系、德國文學系、中國文學系、
哲學系、史學系、數學系、物理學系、化學系、地質學系、法律學
系、政治學系、經濟學系、俄文學系、教育學系、東方文學系、生物
學系和心理學系。

---

44 蕭超然、沙健孫、周承恩、梁柱：《北京大學校史》（上海市：上海教育出版社，
　　1981年），頁137。
45 樊洪業：〈北京大學生物系正式成立於1926年〉，《中國科技史料》1999年第2期
　　（1999年），頁158。

　　設置學系的目的在於打破文理科界限，實現文理學科門類之間的有效溝通與整合。蔡元培先生歷來主張文理不分科，他曾在《北京大學月刊》發刊詞中批判哲學與科學決然分開的做法，指出研究文學若蔑視科學，說明他們不瞭解近代文學是以科學為基礎，研究自然科學，不肯涉獵哲學，說明他們不瞭解哲學是科學的歸宿，同樣研究哲學，唯讀古書對實驗不屑一顧，說明他們不瞭解哲學的基礎是科學的道理。〈我在北京大學的經歷〉中他同樣堅持上述觀點，從哲學和自然科學的關係到心理學、教育學、美學的歸屬問題，甚至從地理學的歸類問題入手，深入淺出地道來文理不能分科思想：他始終堅信哲學植根於自然科學，自然科學的鑒定也必定牽涉哲學；心理學從前附屬於哲學，在實驗法的推動下跨入理科範疇，而教育學和美學也有同樣趨勢；地理學則是跨入文理兩界的典型代表，其人文地理屬於文科，地質學卻屬於理科等等。由此可見，蔡元培先生不僅把握了文理兩科之間內在的淵源關係，也在自己的大學管理實踐中實現著文理學科門類之間的融合。

　　通過學系改制，培養文理兼通人才，與其教學制度中有效採取選科制有很大關聯。「選科制：允許學生自己選擇學習學科、專業和課程的一種教學制度。」[46]選科思想萌芽於清末，〈學務綱要〉開明布公地表述「至高等學堂以上各科學，門類似乎繁多，然其中有名隨意科者，則以餘力為之。願習與否，聽學生自審才力，可不相強，亦係外國通例。」[47]隨意科目的設置表現出對學生學習自由的一種設想與考慮，體現了選科思想的初衷。國立北京大學選科制改革在一九一七年十月十五日學校會議中就已議決，「議決著手學制改革，仿照美國大

46　《教育大辭典（第3卷）‧高等教育》（上海市：上海教育出版社，1991年），頁18。

47　〔清〕張百熙、榮慶、張之洞：〈學務綱要〉（光緒二十九年十一月），收入舒新城：《中國近代教育史資料‧上》（北京市：人民教育出版社，1981年），頁208。

學學制，採用選科制度。」[48]規定了七項具體辦法，其中提出選科單位以每周一時，全年為一單位的標準；預科生要求達到四十單位可畢業，選科比例為總單位的四分之一；本科生要求達到八十單位，一半為選科單位。當時北大課程安排有通科和專科之分，通科為各系學生必修的課程，通常在第一、二學年安排，專科通常安排在第三、四學年講授，學生有所選修的課程，以聽講時間在三十單位以上為準。除了課程有選擇之外，哲學、文學和史學系都設立特別講演，臨時延聘名師講演，各系學生自由聽講。如此看來，允許學生在必修課程之外在文理各系中自由選習科目，真正實現文理通科的目的，有利於培養文理兼通人才。

　　一九一九年至一九二七年採用的學系是國立北京大學基本學科建制，充分展示其文理學科溝通的設想，成為人才培養的基本單位。「系建制的建立，在中國近代高等教育發展史上同樣具有重要的意義。它標誌著中國古代『門館之學』、『門闈之學』在高等教育領域的終結，標誌著中國近代大學從基礎建制上對西方現代大學模式的高度認同，也標誌著中國高等教育開始步入近代化階段。」[49]

二　重組研究所

　　相較於培養經世致用人才為單一職能的京師大學堂分科大學時期，民初國立北京大學通過「科─門」改制，不僅設立學系，培養文理兼通人才，也以學科為基礎設置研究所，發展了大學的研究職能。

　　一九一三年〈大學規程〉第四章規定：大學院為大學教授與學生

48　陳學恂：《中國近代教育大事記》（上海市：上海教育出版社，1981年），頁297。

49　周川：〈中國近代大學建制發展分析〉，《北京大學教育評論》2004年第3期（2004年），頁90。

極深研究之所，各以其所研究之專門學名之，如哲學院、史學院等。
蔡元培先生秉持大學是研究高深學問之場所的信念，注重真理的探
索，擔任國立北京大學校長後開創了科學研究的先河。據〈北京大學
紀事〉一九一七年十一月井日記載，「理科研究所召開第一次會議，
籌商理科研究所辦法，推定研究主任秦汾等三人。」[50]隨後國立北京
大學在十一月十六日公佈〈研究所通則〉，本學期擬設九個研究所，
詳見表4-6。

表4-6　國立北京大學各科研究所

科別	文科研究所			理科研究所			法科研究所		
門類別	哲學門	國文門	英文門	數學門	物理門	化學門	法律門	政治門	經濟門
主任姓名	胡適	沈尹默	黃振聲	秦汾	張大椿	俞同奎	黃右昌	陳啟修	馬寅初
學員數	21	44	10	4	4	10	47	7	15

資料來源：吳相湘、劉紹唐：《國立北京大學紀念刊第一冊（民國六年廿週年紀念
　　　　　冊下）》（臺北市：傳記文學出版社，1971年），頁218、379-399。
　　　　注明：法科中有六人沒有注明學門。

　　　《北京大學日刊》在一九一七年十一月後陸續刊登過各科研究所
相關規則、細則與通報：一九一七年十一月二十五日刊登過〈理科研
究所雜誌室規則〉六條；十一月二十九日刊登過哲學門研究所的研究
科目、任科導師及研究院名單；十一月三十日刊登過〈文科研究所辦
法〉和〈文科研究所辦事細則〉；十二月一日刊登過〈理科研究所事
務員規則〉；十二月六日刊登過文科英文門研究所研究科目、教員、
研究員名單；十二月十四日刊登過〈文科研究所通信研究細則〉五

50 王學珍等：《北京大學紀事：1898-1997》（北京市：北京大學出版社，1998年），頁
　　39。

條；十二月十五日刊登過〈理科研究所通信研究細則〉五條；十二月
二十一日刊登過〈法科四年級及研究所之研究手續〉、〈文法科通信研
究手續〉、〈法科研究所現擬辦理之事項〉；十二月二十二日刊登過
〈法科研究所辦事細則〉和〈法科研究所事務員任務規則〉等。還有
詳細記錄的研究會記錄，如「一九一七年十二月七日，北京大學文科
研究所召開第一次研究會，學生志願研究者約四十至五十人。蔡鶴卿
校長、陳仲甫學長及張行嚴、胡適之諸教授均蒞會⋯⋯十二月十二
日，法科研究所召開職員會，談論各種規則及一切事務」[51]等等。

　　似乎研究所的籌建有條不紊地展開著，但由於受到經費條件的限
制，研究所最終未能正常運行，「國立北京大學於七年間擬設研究
所，因建設費無從籌出，不能成立。」[52]一九二一年重組研究所，「至
於以前雖有各科研究所之設，但只是空名，毫無實效。自經此次新研
究所成立以後，業已完全取消，而關於就研究所之章程，亦一律宣告
作廢。」[53]重組後的研究所，由校長兼任，下設四門：自然科學、社
會科學、國學和外國文學。作為大學院的預備機構，「其所以不能急
切設立大學院者，純為人才與經濟兩方面關係。」[54]當時初步決定自
然科學門主任譚熙鴻、社會科學門主任陶履恭、國學門主任沈兼士、
外國文學門主任胡適。蔡元培先生提議發行雜誌，規定每學門出雜誌
一種，每年每學門可分得三期，一、五、九月為國學門，二、六、十
月為外國文學門，三、七、十一月為自然科學門，四、八、十二月為
社會科學門。國學門主任編輯胡適，其它學門未成立前，暫由相關學

51　王學珍等：《北京大學紀事：1898-1997》（北京市：北京大學出版社，1998年），頁
　　40、41。
52　蔡元培：〈十五年來我國大學教育之進步〉，《申報》（1926年10月10日），第38版。
53　〈北大設立大學院之先聲〉，《申報》（1921年12月23），第2版。
54　〈北大設立大學院之先聲〉，《申報》（1921年12月23），第2版。

系分組擔任。所以一九二一年建立的研究所正式意義上開創了中國近代大學研究生教育的先河。

三　個案：從國學門研究所看大學的研究職能

國立北京大學研究所中最早組織成立的是國學門，「因國學門較為重要，特先設立。」[55]國學門研究所一九二一年十一月成立，沈兼士任主任，具體分文字學、文學、哲學、史學、考古學五個研究室。在沈兼士的帶領下國學門研究所開展了中國傳統學科的全面整理與研究工作，同時還制定各項研究規則以及多種表冊。

第一，開展國學的多學科研究。「『國學』是一個含義不明確，十分籠統的概念，國學門的研究對象，幾乎包括了中國的文學、史學、哲學、語言學、考古學等方面。」[56]當時國學所包含的學科內涵較為豐富，與西方的分科原則並不完全吻合，代表了中國傳統學科體系。正如羅志田教授所言「面對新進入的西學，出現一種長期的努力，即以一個包容廣闊的名目來囊括傳統的中學，類似的名稱包括中國文學、國文，以及後來的國學、國故學等。」[57]

可以說國學門研究所開創了中國傳統學科的系統整理與多學科研究。〈北大國學研究所之發展〉的報導中提到「吾國學術界向來缺乏分科觀念，在未經整理以前，不易進行分科而治，故本學門設立宗旨，即在整理舊學，為將來分科之預備，非專事守殘，以為可與他種

---

55 蔡元培：〈北京大學國學研究所一覽序〉，《北京大學日刊》（1925年6月27日），頁2。
56 蕭超然、沙健孫、周承恩、梁柱：《北京大學校史》（上海市：上海教育出版社，1981年），頁150。
57 羅志田：〈西學衝擊下近代中國學術分科的演變〉《社會科學研究》2003年1月（2003年），頁112。

科學分馳也。」[58]這段表述中足以看到，當時大部分學者都承認了西方的學術分科觀念，並通過對國學的多學科研究，使其與西方學科銜接起來。從當時國學門研究所委員會成員看，馬裕藻是中國文學系主任，研究文字、音韻學；朱希祖史學系主任，研究歷史；錢玄同研究文字音韻學，擔任注音字母與羅馬字比較表的研製工作；胡適研究哲學、文學和歷史；周作人研究文學理論。他們當中不僅有擅長文字研究的、也有文學、史學和哲學研究者。尤其是胡適先生整理國故，「他對於提倡用科學的方法和精神，並且開始實地的用近代科學方法來治國學，其結果的重大，遠超過大家所說的考據學的範圍。」[59]由此推斷，當時國學研究不局限於文字學範圍、廣泛開展文學、史學和哲學等多學科的研究，甚至鼓勵自然科學在內的諸多學科的參與。這一點可以從一九二二年二月二十二日〈北京大學紀事〉中有關研究所國學門啟事中可以得到證實：

> 「本學門組織時雖以中國文學、哲學、史學三系為基本，但也極歡迎自然科學、社會科學者提出題目，分別研究，俾古代學術制度之未經科學家搜求考證者或經科學家搜求考證而其量猶不充分者。」[60]

　　國學的整理與研究從本質上看是從西方學術分科角度對中國傳統學科進行分解與歸納，其結果是文史哲不分家的傳統學科將被融解到西方學科體系中。

---

58 〈北大國學研究所之發展〉，《申報》（1922年2月25日），第3版。

59 《學府紀聞・國立北京大學》（臺北市：南京出版公司，1981年），頁24。

60 王學珍等：《北京大學紀事：1898-1997》（北京市：北京大學出版社，1998年），頁94。

　　第二，始創大學的研究生教育。首批研究生審查非常嚴格，數十名報名者中只有段頤、羅庸和樓巍三人合格，並登校刊公示。段頤為江西人，北京大學英文系畢業，研究題目是《黃河變遷史》；羅庸京兆大興人，北京大學國文學系畢業，研究題目是《清代小學家書目提要及治理方法》；樓巍浙江人，北大國文學系畢業，研究題目是《唐詩源流》。一九二二年獲得國學門委員會承認有研究能力者八人，一九二三年四月獲得國學門委員會審查合格研究生五人，到一九二六年十月，研究生共計三十二人，其中已有十二人完成其研究著作。「商承祚的《殷墟甲骨文字彙編》、容庚的《金文編》等，當時都先後出版。張煦的《公孫龍子注》、羅庸的《尹文子校釋》等著作，都是研究的成果，曾獲得獎學金。」[61]

　　第三，規範研究制度。國學門研究所成立後制定了委員會規則，便於規劃各項研究事務。蔡元培為委員長，成員由研究所長（校長兼任）、教務長、本門主任、圖書主任、還有馬裕藻、朱希祖、胡適、錢玄同和周作人等人組成，後期增加蔣夢麟為委員會委員。其重要任務有「一、審查研究生入學資格；二、審查研究生研究所得之論文或委託相關各學系之教員，代之審查；三、核定獎金的給予。」[62]在研究所國學門委員會第一次會議上，沈兼士報告了特別閱覽室設立經過和歌謠研究會與考古學研究室的具體情況，並議決了〈研究所國學門研究規則〉七條。

　　研究所國學門整頓原來獨立設置的歌謠研究會，歸併在國學門中，當時到所的師生有二十人，專門開會討論和議定有關徵集、整理和發表事宜：

61　蕭超然、沙健孫、周承恩、梁柱：《北京大學校史》（上海市：上海教育出版社，1981年），頁150。

62　〈北大國學研究所之發展〉，《申報》（1922年2月25日），第3版。

關於徵集者（一）由會員擔任在一地方徵集、（二）由會員托
人擔任徵集、（三）登報徵求、（四）函請各縣高等小學代為徵
集、此外覆議定編著音標比較表及各項說明書、隨時發出、並
定寄稿酬報標準、關於整理者（一）音標、定注音字母與羅馬
字比較表、（二）方言、在會中另設方言一部、專研究歌謠中
之方言、（三）定行欵、（四）分類、古的分時代、新的分地
方、新舊歌謠之別、以流行與否為斷、（五）整理人不限籍
貫、而以言語明曉為合格、關於發表者（一）發行月刊、以供
給研究原料、引起投稿者與討論者興味為宗旨、凡會員均為編
輯、令舉數人為總編輯、內容分古歌謠、現代歌謠、討論三
種、（二）發行叢書。[63]

　　沈兼士在一九二二年三月提議修正研究規則，堅持「研究高深學
術、並不能僅限於一校以內」，本校教員自由入所研究外，還加入
「校外學者」和「通信研究」兩項。明確提出北大畢業生和在校生有
研究意向和能力的或是校外學者有研究成果的，隨時到國學門登記報
名，填寫研究專案，有著作的呈送著作，一併由國學門委員會審查，
通過的人拿上研究證到研究所。不能親自到校的畢業生或校外學者，
可通過「通信研究」參與報名審查，並明確規定，一旦成為研究生就
要及時報告研究經過和成果，以便在國學門研究所創辦的雜誌和叢書
中發表。研究生必要時可以要求相關專家的指導和幫助等等諸多條
款。據記載，著名的近代文化守成主義的代表王國維就曾擔任過國立
北京大學國學門研究所「通訊導師」一職。「一九一七年九月，一九
一八年六月，一九二〇年十二月，王國維三辭北大文學科邀約為教授

63　〈續紀北大之國學研究所〉，《申報》（1922年3月9日），第3版。

之請，直至一九二二年初，才勉強應允就任北大國學門通訊導師一職。」[64]中國近代考古學奠基人，著名古文字學家羅振玉也是當時國學門聘請到的「通訊導師」之一。

第四，充實研究資料、設備與條件。圖書資料是研究的原材料，便於開展研究，在一九二二年一月十七日刊登的〈研究所國學門啟事〉中專有一條「中國文學系、史學系之參考室內、已歸圖書館辦理，兩系學生閱覽書籍，可向圖書館閱覽。」[65]原本屬於各學系圖書資源，方便國學研究起見，歸屬到圖書館，為的是面向全校師生開放，廣開研究之路。便於研究工作的深入開展，沈兼士還要求圖書館在第一院四樓設立一間專為研究生安排的特別閱覽室。圖書資料的充實之外，研究所還成立專門陳列室，列出古器物、古刊本、金石甲骨拓本等，由馬叔平專門負責，為考古學研究室的建立做準備。一九二二年三月開設了考古學研究室，置入所有舊藏和新置的甲骨和古代畫磚，蔡元培先生親自函請羅叔蘊為通信導師，組織考古學研究會，邀請校內美學家、地質學家和人類學家加入。

研究所的運行雖然存在諸多困難，如圖書資料不足較為凸顯，校內收藏古刊本有限，校外搜集也受限於經濟條件等，但經過五年的運營，國學門研究所也取得不少成績，蔡元培先生在一九二六年總結民國成立十五年來大學教育的進步時提到北大研究所五年以來，編輯室、考古研究室、明清史料整理會、風俗調查會、歌謠研究室、方言調查會等，已著有不少的成績。如編輯室纂輯了學術研究參考工具書：「已印行的有《慧琳一切經音義引用書目錄》，已成稿的有《藝文

---

64 趙萬峰：《二十世紀初（1898-1937）文化守成主義的教育思想及實踐》（蘭州市：西北大學，2005年），頁30。

65 王學珍等：《北京大學紀事：1898-1997》（北京市：北京大學出版社，1998年），頁93。

類聚引用書籍目錄》、《太平御覽引用書籍增訂目錄》、《太平御覽引用書細目》、《太平廣記引用書籍增訂目錄》、《希麟續一切經音義引用書細目》等。」[66]考古研究室先後對河南新鄭孟津兩縣、北京宮山明代古跡、河南洛陽北邙山、甘肅敦煌古跡等進行過考古調查。明清史料整理會負責整理了原堆積在午門城樓無人管理的明末清初內閣檔案，出版了《要目陳列室目錄》等。風俗調查會成立於一九二三年五月二十四日，負責調查各地風俗習慣，曾徵集過各地關於舊曆新年的風俗物品，並曾計劃籌辦風俗陳列館。歌謠研究室從一九一八年的歌謠徵集處，發展到一九二○年成立歌謠研究會，一九二二年歸併於研究所國學門，公開出版過《歌謠周刊》，後來擴大改辦成《研究所國學門周刊》。據不完全統計，到一九二六年該研究室收集了一萬三千多首歌謠，發揚民間文學起到積極推動作用。方言調查會成立於一九二四年一月二十六日，在林語堂和劉復的帶領下，調查方音，開設語音實驗室開展科學研究。遺憾的是「一九二七年九月二十一日北京軍政府教育部令將國立京師大學校國學門研究所改為國學研究館」，[67]研究所國學門陷入癱瘓狀態。

　　綜上所述，國立北京大學學系改制與研究所創辦，充分體現了大學的人才培養與科學研究的兩大職能。若從學科使命角度看，學系和研究所各有側重，採行分工合作模式。這也說明，當時大學學科建制還並不太成熟，沒有具備教學、研究與服務為一體的職能，但學系為基本教學單位培養文理兼通的碩學閎材的設想與通過研究所發展科學，尤其在文化傳承方面做出的努力是功不可沒的。從學系培養人才

66　蕭超然、沙健孫、周承恩、梁柱：《北京大學校史》（上海市：上海教育出版社，1981年），頁151。

67　〈北京近代高等教育大事記（1862-1949）〉，收入吳惠齡：《北京高等教育史料第一集（近現代部分）》（北京市：北京師範大學出版社，1992年），頁406。

的職能與研究所發展科學研究職能的合力看，學科為基礎建立的學系、研究所等學科建制還是從一定意義上體現了大學不僅要培養人才，還要致力於科學研究與發展科學，實現知識的創新與創造。

第四節　國立東南大學的「科─系」建制

不同於國立北京大學廢「科─門」建制改設學系的做法，國立東南大學一開始採用了「科─系」建制。學系為主體，科的設立相當於相關學系的聯合體，科一級負責教育行政事務，各學系負責具體教學管理事務。國立東南大學按照美國大學傳統，「科─系」建制整合了大學的人才培養、科學研究與社會服務職能為一體，在中國近代大學學科建設中開創了一代新風。

一　「科─系」建制的調整

國立東南大學的前身是創建於一九〇二年的三江師範學堂，一九〇五年改稱兩江師範學堂，一九一一年停辦。一九一五年八月在兩江師範學堂的基礎上成立南京高等師範學校，設有國文、理化兩部，分國文、體育、工藝、農業、英文、教育、商業等七科。一九二〇年十二月，將其教育、農業、工藝、商業四科劃出，籌建國立東南大學。一九二三年南京高等師範學校歸併於國立東南大學。

一九二一年二月國立東南大學校董會、大學籌備會經過幾輪討論，議定〈國立東南大學校組織大綱〉，對「科─系」建製作了如下說明，「其特點在以各學系為主體，而以有關係之學系分別性質，先行組成文理教育農工商五科。此種組織之優點，在使教授上有完全之

獨立，得以充分發展，而同時又有各科以總持行政上之事務也。」[68]
具體而言，科的設立相當於相關學系的聯合體，科一級負責教育行政
事務，各學系負責具體教學管理任務，學系的設立使得教學具有相對
獨立性，「科一系」共同合成為以學科為基礎建立的學術組織系統。

各科設主任一人，總負責行政事務，各系設主任一人，具體負責
教學工作，二者均由校長延聘。各系設教授若干人，必要的時候可以
設講師助教或助理，同樣由校長延聘。各科設立科教授會，各系設立
系教授會，由各科或各系教授組成。全校設立教授會和評議會，有權
議決有關科與系的增設、廢止或變更事宜。國立東南大學全校設置專
門的教務部，設主任一人，管理全校教學工作，各科總負責本學科門
類的教育行政，學系再具體負責本學科的教學管理，採用了學校—
科—系三級管理模式。

一九二一年三月二十五日公佈的〈國立東南大學大綱草案〉明確
規定：文理科下設國文系、英文系、哲學系、歷史系、地學系、政法
經濟系、數學系（天文附）、物理系、化學系、生物系（生理動物植
物解剖附）等十系；教育科下設心理系、教育系、體育系等三系；農
科下設農藝系（作物土壤農具附）、園藝系、畜牧系、病蟲害系、農
業化學系（農產製造附）等五系；工科下設機械工程系；商科下設會
計系、銀行系、工商管理系等三科，二十二個學系，組成文理、教
育、農、工、商五科。

草案擬設五科二十二個學系，實則當時國立東南大學具體設置五
科二十七個學系。據一九二三年一月一日《申報》刊載的國立東南大
學「本校現狀及十二年度計劃」，其具體學科建制如下：文理科：國
文系、英文系、西洋文學系、哲學系、歷史系、地學系、政治系、經

68　〈東南大學組織大綱之議定〉，《申報》（1921年2月12日），第3版。

濟系、數學系、化學系、物理系、心理系、生物系等十三系；教育科：教育系、心理系、體育系等三系；農科：生物系、農藝系、園藝系、畜牧系、病蟲害系、蠶桑系、農業化學系等七系；工科：機械工程系；商科：銀行理財系、會計系、工商管理系等三系。

對比〈國立東南大學大綱草案〉「科－系」規定，學系數量多出五個，實際上學系種類只增加二個：西洋文學系和蠶桑系。與大綱草案規定有所不同的是，政法經濟系分設為政治系和經濟系兩系，而心理系和生物系同時分設在兩科中，心理學既設在教育科下，也設在文理科中，生物系既設在文理科下，也設在農科中。說明心理學和生物學既屬於基礎理論學科，也屬於應用學科，從而顯示出它們學術性與應用性雙重屬性。這樣以來，國立東南大學生物系、心理學、教育系、體育系、農藝系、園藝系、畜牧系、病蟲害系、會計系、銀行系、工商管理系、蠶桑系等在中國近代國立大學中最先具有學科建制。

一九二五年三月十日胡敦復接管國立東南大學而引起易長風潮，近半年時間學潮不斷，一九二五年九月十六日政府決定停辦東南大學。一九二六年蔣維喬代理校長後，對原有「科－系」建製作了適當調整。按照一九二六年八月一日〈國立東南大學組織大綱修正稿〉第三條，本大學現設預科、本科，分為文科、理科、教育科、農科、商科。第四條，本大學各科現設下列各系：

文科：一、國文系　二、外國語文系　三、哲學〔國〕系　四、歷史系　五、政治系　六、經濟系
理科：一、數學系　二、物理系　三、化學系　四、地學系　五、心理系　六、植物系　七、動物系
教育科：一、教育系　二、心理系　三、鄉村教育系　四、體育系
農科：一、植物系　二、動物系　三、農藝系　四、園藝系　五、

畜牧系　六、蠶桑系　七、病蟲害系

商科：一、普通商業系　二、會計系　三、工商管理系　四、銀
行理財系　五、國際貿易系　六、保險系　七、交通運輸系。[69]

　　與一九二一年的〈國立東南大學大綱草案〉比較，此次「科一
系」調整，在學科門類上取締工科，工科停辦問題早在一九二四年四
月二十七日〈校董會關於工科之議決案〉中就提出「工科雖有良好之
教授，因公家經濟困難之故，尚未臻於工科大學應有之標準，欲期完
善，自非大家擴充不可，然而公家財力如此難商，斷難辦到。江蘇境
內已辦有工科大學及工專等校幾所，且有較為完備者，現在工科學
生，數尚不多，而設備方面，又不能有適應需要之擴張，如仍照常進
行，不特發展難期，仰恐貽誤學子。萬不得已，惟有暫行收束停辦，
所有學生，由校設法轉學他校，或並酌予補助，以完成其學業。」[70]
工科變動之外，文理科分化出文科和理科，此決定於一九二六年三月
二十二日由校長辦公處出臺。不過此次調整一定程度上參照了一九二
三年後國立東南大學「科一系」建制，如心理學並列設在理科和教育
科中，植物系和動物系（原來的生物系）並列設在理科和農科中，政
法經濟系分化為政治系和經濟系。學系種類比原來增加五個，分別是
鄉村教育系、普通商業系、國際貿易系、保險系、交通運輸系。取消
原來的機械工程系，英文系、西洋文學系合併為外國語文系。總而言
之，制度層面上商科得到加強，「科一系」代表的學科門類和一級學
科均出現分化趨勢。

69　中央大學檔案：〈國立東南大學組織大綱修正稿〉（1926年8月1日），收入中國第二
　　歷史檔案館編：《中華民國史檔案資料彙編‧第三輯教育》（南京市：江蘇古籍出版
　　社，1991年），頁251-252。
70　南京大學校慶校史資料編輯組、學報編輯部編輯：《南京大學校史資料選輯》（南
　　京市：南京大學印刷廠（內部發行），1982年），頁134。

二　教學、研究與服務為一體的「科—系」建制

　　國立東南大學「科—系」建制，整合了大學的人才培養、科學研究與社會服務職能為一體。〈國立東南大學大綱草案〉第二條明確規定，本大學以研究高深學問，培養專門人才為目的。出於專才培養目標，國立東南大學設置了文理、教育、工、農、商五科，以培養社會最需要的「有科學思想有真人格有真辦事能力之學生、以應用於現實之社會、而為建造國家之中堅人物。」[71]據一九二二年十月相關資料統計，國立東南大學在校生二八四人，高師生三八〇人，新生一四〇人，商科生二百餘人，學生總數達到一千餘人。

　　師資隊伍可謂中外名人彙集。郭秉文校長為首，聘請到的絕大多數教員具有美國著名大學學歷背景。郭校長是美國哥倫比亞大學哲學博士，湯用彤是美國哈佛大學哲學博士，孟憲承是美國教育碩士，朱彬魁是美國哥倫比亞大學教育學博士，黃叔巍是美國哈佛大學法政碩士，顧泰來是美國哈佛大學歷史學博士等。還有中國著名詞曲專家吳瞿安，外籍教師中有美國、德國等國心理學、物理學、生物學和哲學領域的諸多專家。「該校教師均為中外積學之士、一時人材濟濟、實為該校學子學業前途無量之幸福。」[72]如此卓越的師資隊伍，不僅使學生掌握紮實的專業基礎知識，還可以掌握學科發展的前沿動態，實屬中國近代高等教育史上輝煌的一頁，他們按照美國大學傳統把大學的人才培養、科學研究與社會服務職能整合為一體，在本土大學學科建設中開創了一代新風。

　　國立東南大學建校初期沒有專門設置研究所，一九二六年〈創辦

71　〈東南大學之新氣象〉，《申報》（1922年10月1日），第3版。
72　〈東南大學之新氣象〉，《申報》（1922年10月1日），第3版。

大學研究院案〉中曾提出「我國教部大學規程，本有大學得設研究院
之條文。北京大學、北京師範大學、清華大學亦曾先後設立研究院。
教會設立之大學，如燕京大學、東吳大學、金陵大學均已設立研究院
有年。吾校學科大備，成績素優，奈何於此獨落人後乎！」[73]雖然當
時沒有研究所建制，但各學系不同程度地開展了科學研究工作。據一
九二二年三月十二日《申報》刊載的「東南大學進行近訊」，當時東
南大學教員、學生共同參與編寫的出版物增多，有影響的雜誌就包括
《教育研究》、《農業叢刊》、《工業研究》、《史地學報》、《文哲學
報》、《中等教育研究》、《心理》、《學衡》等。文理、教育科教授劉伯
明、陸志韋、王伯秋等發起組織「中國社會科學社」，劉伯明組織了
「中國哲學會」，於一九二三年七月一日在南京舉行了成立大會。教
育科與當時國內各大學及教育機關合組建立「中華教育改進社」，該
社研究成果彌補了當時國內教育統計方面的空缺。中國教育統計方
面，「清末迄於民六，有政府統計可攷，民六以後之十年，前北京教
育部，並無統計報告，僅有十四年中華教育改進社出版之全國中等以
上學校統計。」[74]可見，該學社為後人研究民國中期中國教育問題提
供了寶貴的史料和可資參考的統計資料。還有穆藕初建農具院，徵集
中外農具，從事試驗。農科因試驗蠶桑，用三千金購置太平門外和舊
刑部牢一代一九〇畝地，栽植桑林，建蠶室，以備試驗。除此之外，
當時國立東南大學助教授多數為本校畢業生，他們踐行教學與科學研
究相結合的原則，一邊任教，一邊研究學問，一部分人還出國深造，
為學術發展打下堅實的基礎。

---

73 南京大學校慶校史資料編輯組、學報編輯部編輯：《南京大學校史資料選輯》（南
　京市：南京大學印刷廠（內部發行），1982年），頁161。

74 辛樹織：《第一次中國教育年鑒·第二冊丙編教育概況上（民國二十三年）》（臺北
　市：傳記文學出版社，1971年），頁335。

　　大學的知識推廣活動是其直接為社會服務的重要表現。一九二一年三月〈國立東南大學大綱草案〉第七條明確規定，「除上設各科外、另設推廣部、其類別如左、一校內特別生、二通信教授、三暑期學校。」[75]一九二二年「東南大學新氣象」中就有一項有關推廣事業方面的報導，「英文系籌辦函授學校、教育科籌辦學校、農科籌辦棉植專科、以培養專門人材、為社會上直接解決困難問題、化學系為省政府化驗鳳凰山之礦質、究竟含有若干成分、教育科為教育部培養一種心理測驗人材、由教育科與中華教育改進社共設。」[76]英文系利用語言優勢，通過函授學校讓更多大學之外的人士也能學習外語，真正發揮外語的工具作用。教育科同樣抓住自己的特色，籌辦學校，不僅可以加強教育理論與實踐的聯繫，還能通過建立學校擴大受教育群體，躬行新的教育理念與教學方法。一九二三年「本校現狀及十二年度計劃」也記載了商科設立夜校的情況，加強應用知識的推廣，以便於工商界人士也參與到研究學問的行列，共同解決中國工商業發展中的現實問題。

　　據不完全統計，一九二三年一月國立東南大學除了教授、教員、講師、助教一一三人，本校新舊正式生七六一人之外，還有特別生二六三人，商科夜校生一二四人。特別生和夜校生總數達到在校正式學生總數的一半。由此可見，國立東南大學的知識推廣活動開創了中國近代國立大學直接為社會服務的先河。

三　個案：從國立東南大學農科看大學的社會服務職能

　　中國近代著名農學家、作物遺傳育種學家沈宗翰在〈中國近代農

75　〈國立東南大學大綱草案〉《申報》（1921年3月25日），第3版。
76　〈東南大學之新氣象〉，《申報》（1922年10月1日），第3版。

業學術發展概述〉一文中分析中國農學發展歷程時提到,「自民國七年至十六年,是一個農學發展的重要轉折時期。有二個特色:一為大學農科的新作風,二為中國紗廠聯合會資助學校改良棉花品種,及中國合眾蠶業改良會改良蠶桑,為農工業合作與國際合作之創舉。」[77]這裏提到的第一個特色必然與沈宗翰先生長期執教的金陵大學農學院有關,金陵大學農學院不僅努力造就研究中國農業的農業人才,還將農學院建設成為教學、研究、知識推廣融為一體的學術組織。第二個特色要與國立東南大學農科形成的為中國社會現實需求服務的風氣有關聯。

　　國立東南大學文理、教育、農、商各科中,在「推廣」事業方面成績最卓著的是農科。一九一八年成立的南京高等師範學校農業專修科,一九二一年改建成國立東南大學農科,「南高繼改為東南大學,農科範圍更為擴大,進展甚速,為當時全國農學發展之策源地。」[78]當時農科主任是畢業於美國康奈爾大學植物病理係的鄒秉文,「鄒秉文是歸國留學生中『為社會服務』理念的首倡者。」[79]鄒秉文仿照美國康奈爾大學和金陵大學改造農科,將教學、研究與知識推廣有機結合起來,「其事業分為三部,一曰農業研究,二曰農業教授,三曰農業推廣。」[80]相較於私立金陵大學,國立東南大學經費有一定的保障,研究範圍也較廣,農科各學系開展教學工作之外,還開展廣泛的

77 沈宗翰:〈中國近代農業學術發展概述〉,收入錢穆等:《中國學術史論集(三)》(臺北市:中華文化出版事業社,1956年),〈本篇〉,頁2。

78 沈宗翰:〈中國近代農業學術發展概述〉,收入錢穆等:《中國學術史論集(三)》(臺北市:中華文化出版事業社,1956年),〈本篇〉,頁5。

79 周谷平、趙師紅:〈農學留學生與近代中國高等農學學科的發展〉《浙江大學學報(人文社會科學版)》2009年10月(2009年),頁22。

80 南京大學校慶校史資料編輯組、學報編輯部編輯:《南京大學校史資料選輯》(南京市:南京大學印刷廠(內部發行),1982年),頁152。

社會服務活動。如國立東南大學農科開展過江蘇省昆蟲局、河南實業廳和河南福中公司委託代辦的棉作育種場的工作，也曾多次開辦展覽會，蠶桑系更是義務發售蠶種等，積極推廣與改良農業工作。甚至「江蘇省長委託代擬改良江蘇棉業計劃及江蘇食糧調查會章程」[81]等等。可謂其社會服務領域涉及教學服務、科研服務與綜合服務的方方面面。

教學服務方面，國立東南大學農科利用師資優勢舉辦講習班，培養實用人才。一九二二年設立棉業專科。「吾國棉產改良推廣，急不容緩，不得不培養適宜人才，前年舉行暑期植棉講習會，來學者甚眾，茲為造就實踐人才起見，將設植棉講習科，招收甲種農校畢業生，施以相當之教育，修業期限一年，暑假不休學，報名合格者約五十人，已於寒假期內提前上課。」[82]

科研服務方面，農科教員積極參與全國及地方的棉作研究專案，進行廣泛的技術推廣服務與科學技術諮詢。當時政府提倡棉作的改良，一九一九年美國棉業專家古克氏來華考察，到國立東南大學視察後提出種植美國棉種，注重科學育種方法以及專家要為農民進行指導等多項建議。中國的棉作事業，以江蘇、河南為最多。所以國立東南大學農科致力於本省需要，積極開展江蘇省棉作事業的研究，甚至為全國棉作的改良作出重要貢獻。具體表現在如下幾個方面：

首先，開展農業知識推廣演講與調查。農科積極籌辦演講團、視察團和教育團，開展知識推廣活動。「自去夏得江蘇省公署暨財政實業兩廳資助後，即經組織蘇省農事調查演講團，由該科農業試驗場兼小麥試驗場主任原頌周君主持其事……演講農業改造要旨。」[83]農科

---

81 〈國立東南大學校董會志〉，《申報》（1922年12月11日），第4版。
82 〈東南大學進行近訊〉，《申報》（1922年3月12日），第2版。
83 〈東南大學進行近訊〉，《申報》（1922年3月12日），第2版。

蠶桑系賀亞賓教授是留學意大利和法國的蠶桑專家，一九二一年受聘
於國立東南大學農科蠶桑系，到校後就積極投入到工作中，每周給三
名研究生和三十名農科生授課。教學之餘徵集蠶種，採辦蠶絲儀器圖
書。據報導，當時試育種蠶時，效果可佳，有蠶戶來校參觀，並紛紛
提前訂購，入冬以後，各地來購者劇增。賀亞賓教授不僅積極開展教
學與研究工作，還積極投入到社會服務活動中。他與葛敬中教授，親
自攜帶改良蠶種前往南京地區育蠶的重要村鎮，召集蠶戶，詳細講解
改良蠶桑的重要性，「每演講一次、即爭購蠶種數百張、截止目下
止、由蠶民直接訂購蠶種之數、已達萬五千張、然本校所出僅千餘
張、遠不足分配之用。」[84]可見，他們當時受歡迎程度與演講團的實
際效果。

　　蠶桑系還編輯了多種蠶桑栽培淺說，用淺顯易懂的文字，給民眾
傳播蠶桑養植常識和技術。一九二二年農科規劃了對江蘇省農業進行
調查的計劃，在原頌周帶領下共六人先對鎮屬五縣進行調查，「並講
演農事上之應興應革事項、丹徒縣張知事已預飭各區員警分所、於該
校調查講演員到境時、妥為招待保護。」[85]足以顯示出當時國立東南
大學農科演講團的受重視程度以及廣大民眾對他們的愛戴與期盼。除
此之外華商紗廠聯合會於一九二二年委託國立東南大學農科派人分赴
九省調查當年的棉產，還派人調查本省蝗蟲發生區域等等。

　　其次，地方鼓勵和資助農科的應用研究。一九二一年華商紗廠聯
合會，補助兩萬元，作棉作試驗經費，並將其所有棉場歸併農科辦
理，一九二二年繼續補助。同時河南豫豐紗廠增加經費，指充該省棉
作改良與推廣之用。「本科迭受各方面之重託，爰於科內組織棉作改

84　〈東大農科蠶桑系進行近況〉，《申報》（1922年1月22日），第2版。
85　〈東大調查農事〉，《申報》（1922年3月6日），第3版。

良推廣委員會，思於全國棉作改良及推廣事業，有所貢獻。」[86]具體研究工作的展開也很順利，用三千金購置太平門外和舊刑部牢一代一九〇畝地，栽植桑林，建蠶室，「一方面派助理沈君往湖州桐鄉長安等處、選辦頭等桑秧萬樹千株、業已運轉、專備栽植桑林之用、關於蠶室方面、則蠶桑改良會已將價值萬餘兩之蠶室一座、由無錫東北塘拆運來、連同辦公室農夫室計共三座。」[87]

最後，在當地設立技術指導所，推廣科學技術。南京漢西門外沙洲圩多數農民養蠶為業，農科鑒於當地農民墨守舊法，僅用佳種，還是難收大效，一九二六年在該處設立蠶桑指導所，實地指導農民養蠶栽桑方法。該所採用科學方法，自己養蠶，以作示範，供民眾參觀仿傚。該所職員還常到農民家裏，指導除沙分箔給桑及調劑氣候等方法，現場指導科學養殖方法。甚至代蠶戶消毒工具，「蠶事之初，即往勸導農民送蠶具來所用弗爾馬林液消毒，以杜蠶病，蠶戶將蠶具，陸續送來，先後共代消毒五六十件之多。」[88]

綜合服務方面，國立東南大學農科通過舉辦農業成果展覽會，向大眾傳播科學種植常識與技術。國立東南大學農科為推廣棉產，改良棉質起見，一九二一、一九二三年秋均開過棉作展覽會。通過文獻記載的第二次棉作展覽會的記錄，進一步認識到展覽會的意義在於加強大學與社會之間的聯繫，使教學與研究更好地服務於社會。此次展覽會於一九二三年十月二十三日下午二點在成賢街東大農場舉行。到會者有省長、實業廳長、財政廳長、教育廳長和議會相關成員以及校方代表。參觀合影之後開會介紹。首先農科主任鄒秉文致詞，之後棉作改良委員會主任過探先報告相關工作情形，其中提到的兩點值得關

---

86 郭秉文：〈東南大學農科改良全國棉作事業述要〉，《申報》（1922年1月22日增刊）。

87 〈東大農科蠶桑系進行近況〉，《申報》（1922年1月22日），第2版。

88 〈東大農科推廣養蠶之進行〉，《申報》（1926年5月20日，第3版。

注：「自吳偉士擔任棉作蟲害技師以來，蟲害問題不久當可解決……
組織青年植棉竟進團、以引起農家子弟發展植棉之趣味、且將用種種
方法、與各省聯絡。」[89]其次棉作主任孫恩慶報告分區改良推廣計
劃，「全國計分為十八區、各區盡改良推廣、勢必甚難、所以現在擇
區創辦、江蘇三區、湖北一、河南一、直隸一。」[90]關於改良棉種問
題建議去劣選良，提出在栽培方法上要在寬畦地疏植，關於播種除草
採用器具的設想。最後省長提出自己的所感所想和對未來的希望，以
及鼓勵大家到各地宣傳工作。

　　經過五年的發展，一九二六年時國立東南大學農科共有教授教員
二十六人，助教助理及職員七十人，農場計三九〇四畝，分佈在江
蘇、湖北和河南三省。以農藝系為例，此時起推廣事業不僅有棉作改
良、稻麥改良推廣，還有農具改良和肥料研究。「棉作改良推廣有棉
作技師四人，推廣主任一人，技術員十六人，推廣員三人；稻麥改良
推廣有技師一人，推廣主任一人，技術員二人，助理員九人；農具改
良曾改良種耕器及棉作播種器，現正推廣此兩種農具，同時研究改良
水庫及小麥播種器；肥料研究現有技師一人。」[91]遺憾的是一九二七
年國立東南大學重新改組，鄒秉文在內的國內知名農學專家相繼辭
職，輝煌一時的農科發展進入低谷，農科的科學研究與知識推廣事業
受到極大限制。

　　國立東南大學「科─系」建制是獨創的，它充分吸收美國大學傳
統，把大學的人才培養、科學研究與社會服務職能整合為一體，成為
中國近代國立大學學科建設的風向標。尤其是在農科為首的教育、商
科等學科門類中有效地開展社會服務活動，發展了中國近代大學直接

89　〈東大農科棉作展覽會紀〉，《申報》（1922年10月23日），第3版。
90　〈東大農科棉作展覽會紀〉，《申報》（1922年10月23日），第3版。
91　〈東大農科概況之報告〉，《申報》（1926年5月20日），第3版。

為社會服務的職能。在國立東南大學「科—門」建制確立後不久，一九二四年二月二十三日頒佈的〈國立大學校條例令〉第四條明確規定了「國立大學校各科分設各學系，」[92]從法令角度規定了國立大學的「科—系」建制，確立了學系在大學學科組織中的基礎地位。

---

92 教育部公佈：〈國立大學校條例令〉（1924年2月23），收入中國第二歷史檔案館編：《中華民國史檔案資料彙編‧第三輯教育》（南京市：江蘇古籍出版社，1991年），頁174。

中華文化思想叢書　A0100026

中國近代國立大學學科建制與發展研究（1895-1937）　上冊

作　　　者	斯日古楞
責任編輯	蔡雅如
發　行　人	陳滿銘
總　經　理	梁錦興
總　編　輯	陳滿銘
副總編輯	張晏瑞
編　輯　所	萬卷樓圖書股份有限公司
排　　　版	林曉敏
印　　　刷	百通科技股份有限公司
封面設計	斐類設計工作室

出　　　版　昌明文化有限公司

桃園市龜山區中原街 32 號

電話　(02)23216565

發　　　行　萬卷樓圖書股份有限公司

臺北市羅斯福路二段 41 號 6 樓之 3

電話　(02)23216565

傳真　(02)23218698

電郵　SERVICE@WANJUAN.COM.TW

大陸經銷

廈門外圖臺灣書店有限公司

　　電郵　JKB188@188.COM

ISBN 978-986-92915-2-1

2016 年 5 月初版

定價：新臺幣 280 元

如何購買本書：

1. 劃撥購書，請透過以下郵政劃撥帳號：

　　帳號：15624015

　　戶名：萬卷樓圖書股份有限公司

2. 轉帳購書，請透過以下帳戶

　　合作金庫銀行　古亭分行

　　戶名：萬卷樓圖書股份有限公司

　　帳號：0877717092596

3. 網路購書，請透過萬卷樓網站

　　網址 WWW.WANJUAN.COM.TW

大量購書，請直接聯繫我們，將有專人為您

服務。客服：(02)23216565 分機 10

如有缺頁、破損或裝訂錯誤，請寄回更換

國家圖書館出版品預行編目資料

中國近代國立大學學科建制與發展研究

(1895-1937) / 斯日古楞著. -- 初版. -- 桃園

市：昌明文化出版；臺北市：萬卷樓發行，

2016.05　冊；　公分. -- (中華文化思想叢書)

ISBN 978-986-92915-2-1(上冊：平裝). --

1.高等教育　2.教育史　3.中國

525.92　　　　　　　　　　105006538